Manfred Stephan

Kleine Ballspielschule

für Grundschulkinder

Limpert Verlag Wiebelsheim

Die Ratschläge in diesem Buch sind vom Autor und dem Verlag sorgfältig erwogen und geprüft, dennoch kann keine Garantie übernommen werden. Eine Haftung des Autors bzw. des Verlages und seiner Beauftragten für Personen-, Sach- und Vermögensschäden ist ausgeschlossen.

Bibliografische Information der Deutschen Nationalbibliothek
Die Deutsche Nationalbibliothek verzeichnet diese Publikation in der Deutschen Nationalbibliografie; detaillierte bibliografische Daten sind im Internet über http://dnb.d-nb.de abrufbar.

1. Auflage 2012

www.verlagsgemeinschaft.com

Umschlagbilder: Scott Krausen, Mönchengladbach
Zeichnungen: Scott Krausen, Mönchengladbach; Kasia Sander, Recklinghausen
Druck und Verarbeitung: FLORJANĆIĆ TISK d.o.o., Slovenia
ISBN 978-3-7853-1840-9

Inhaltsverzeichnis

Einleitung

Die klassische „Straßenkindheit“ mit ihren vielfältigen, natürlichen Bewegungserfahrungen beim alltäglichen Spiel draußen oder auf Bolzplätzen scheint es nicht mehr zu geben. Früher mussten die Kinder auf der Straße spielen. Dies geschah ganz ohne Anleitung oder abgestecktes Feld, auch mit Dosen oder Stoffballen, wenn es keinen Ball gab.
Obwohl die Kinder heute meist mehrere, verschiedene Bälle besitzen und dieses Spielgerät nach wie vor einen unwiderstehlichen Aufforderungscharakter ausübt, findet regelmäßiges Spielen mit dem Ball in regelfreien Räumen nur noch selten statt. Eine Folge ist die nicht mehr so spielerische und selbstverständliche Handhabung des Balles.

Auch der Präsident des FC Bayern München, Uli Hoeneß, hat sich in der Vergangenheit dazu seine Gedanken gemacht:

„Beim FC Bayern München arbeiten wir längst daran, die Straße wieder zurück in die Trainingsstunden zu bringen. Wir kriegen als Fußballer nur die jungen Leute, die die Gesellschaft erzeugt und das sind solche, die nicht wie wir als Buben jeden Tag auf der Schulwiese gespielt haben, bis der Hausmeister uns wegschickte!“

In diesem Zusammenhang ist vor allem der Einfluss der modernen Medienwelt zu nennen. Anstatt sich im Freien aufzuhalten, verbringen Kinder einen Großteil ihrer sowieso meist verplanten Freizeit vor dem Computer oder dem Fernsehapparat.
Die Entwicklung koordinativer Fähigkeiten durch die tägliche Auseinandersetzung mit den verschiedensten Lauf-, Hüpf, Fang- und Ballspielen fehlt heutzutage; Kinder kommen mit geringen koordinativen Fähigkeiten in die Schule.
Nach wie vor gilt aber: Die meisten Kinder lieben Sport, viele davon Ballspiele.
Wenn Kinder in die Schule kommen, zeichnen sie sich durch einen unermüdlichen Bewegungsdrang aus, zeigen eine hohe Leistungsbereitschaft und bevorzugen Spiele in der Gemeinschaft. Eine hohe Bewegungsintensität und die sich entwickelnde Leistungsbereitschaft führen zu einer deutlichen Verbesserung der motorischen Lernfähigkeit.

Deshalb ist es von zentraler Bedeutung, dass Kinder in der Grundschulzeit koordinative Fähigkeiten allgemein entwickeln können und eine vielseitige und sportartübergreifende Grundausbildung gewährleistet ist.
Diesen Problemen hat sich die GHS Satteldorf angenommen und ein Konzept entwickelt mit dem Ziel: **„Jeden Tag in Bewegung oder die tägliche Sportstunde.“**

Das Satteldorfer Leuchtturmprojekt

Der Traum vieler Kinder von der täglichen Sportstunde scheitert an finanziellen (Stundenversorgung) oder technischen (Hallenkapazität) Hürden. Trotz dieser Schwierigkeiten erörterte ich zusammen mit dem Schulleitungsteam der GHS Satteldorf, Rektorin Diana Köhnlein und Konrektor Uli Ehrmann, ein Konzept, um den Traum verwirklichen zu können.
Die Voraussetzungen in Satteldorf – Schule mit sport- und bewegungserzieherischem Schwerpunkt – sind ideal, denn in der Vergangenheit wurde zum einen schon teilweise die 4. Sportstunde umgesetzt und zum anderen ist die Sporthalle sehr groß und kann durch eine Trennwand geteilt werden. Somit können immer 2 Klassen gleichzeitig im Fach Sport unterrichtet werden. Das Baden-Württembergische Kultusministerium fand unsere Idee und das Konzept sehr interessant und nach einem persönlichen Gespräch in Stuttgart wurde uns jede Unterstützung zugesagt.
Das Projekt „Talentfindung und Talentförderung im goldenen Lernalter“ startete im Sommer 2010 und entwickelte sich nach einem vorsichtigen Beginn rasch weiter, sodass schon im Schuljahr 2011/2012 allen Kindern die tägliche Sportstunde ermöglicht wurde und zudem

zwei weitere Stunden (1 Stunde Klasse 1+2 und 1 Stunde Klasse 3+4) für besonders talentierte Kinder angeboten werden konnten. Durch die Zusammenlegung von Klassen im Sportunterricht, die Unterstützung der Stiftung „Sport in der Schule“ und Sponsorengelder konnten zusätzliche Stunden frei gemacht und weitere Übungseinheiten im Ergänzungsbereich finanziert werden. Das Satteldorfer Leuchtturmprojekt, seit Juli 2011 auch Pilotprojekt in Baden-Württemberg, wurde somit ausgebaut und wesentlich interessanter und attraktiver gestaltet.
Über die inhaltlichen Schwerpunkte in der 4. und 5. Sportstunde wurde schnell Einigkeit erzielt.
Da die Kinder aufgrund der veränderten Lebenssituation immer mehr Defizite im Bereich Koordination und im Umgang mit dem Ball aufweisen, war schnell klar, dass Übungen im Bereich Ballkoordination sowie Spielideen zur Entwicklung der Ballspielfähigkeit als inhaltliche Schwerpunkte ausgewählt werden.
Ein ganz entscheidender Schwerpunkt ist für uns, dass die Kinder wieder spielen lernen sowie übergreifende Ballfähigkeiten und Ballfertigkeiten entwickeln und nicht frühzeitig in einem der großen Spiele spezialisiert werden. Sie sollen in Spielen Erfahrungen sammeln. Dabei steht das vielseitige Erleben, Wahrnehmen und Lösen von ganz unterschiedlichen Spielsituationen im Vordergrund.
Die Kinder erhalten eine ballspielübergreifende Ausbildung. Die Grundpfeiler der Ballspielfähigkeit sind:

» Die Entwicklung der Ballfertigkeiten
» Die Entwicklung der koordinativen Fähigkeiten
» „Das Spielen“

Gefestigt und stabilisiert werden diese 3 Grundpfeiler zu Beginn einer Sportstunde immer wieder durch neue, interessante und knifflige Ballübungen – auch in Verbindung mit kognitiven Aufgabenstellungen – mit einem oder mehreren Bällen. Diese Übungen aus den Bereichen „Ballkoordination“ und „Life Kinetik“ motivieren die Kinder sehr und werden überwiegend einzeln oder mit einem Partner durchgeführt.
Die wichtigsten Ziele sind jedoch, Spaß an der Bewegung und die Freude im Umgang mit verschiedenen Bällen zu vermitteln. Darüber hinaus erfahren alle Kinder, ob mehr oder weniger begabt, die soziale Einbindung in Gruppen oder Mannschaften. Das Bewältigen von Enttäuschungen und Misserfolgen sowie die Freude an besonderen Leistungen und Mannschaftserfolgen stärken die sozialen Fähigkeiten der Kinder und fördern deren Persönlichkeitsentwicklung.
Auf der Erfahrungsgrundlage des ersten Jahres wurden Inhalte gesammelt, strukturiert und bewährte Übungen und Spielideen weiterentwickelt. Auch die Frage, welche Übungen oder Spiele für welche Klassenstufe geeignet sind, wurde näher beleuchtet.
Vielen Dank allen – Schulleitung, Kollegen, Eltern, Kinder und meiner Familie – die mich bei diesem Buchprojekt unterstützten. Mein besonderer Dank geht an Herrn Mühl für die tolle Zusammenarbeit bei der Erstellung der DVD mit den Einzel- und Partnerübungen sowie der Präsentation über das Satteldorfer Leuchtturmprojekt. Weitere Informationen zur DVD sowie Bestellmöglichkeiten finden Sie auf der Homepage des Autors: www.manfredstephan.de.

Manfred Stephan

Erläuterung der Piktogramme:

Spieleranzahl
Material
Organisation
Spielidee
Variationen
Koordinative Fähigkeiten
Ballfertigkeiten/
Taktische Schwerpunkte

Schulung der Ballfertigkeiten und der koordinativen Fähigkeiten durch Einzel- oder Partnerübungen

In diesem Kapitel finden Sie annähernd 200 Einzel- und Partnerübungen aus dem Satteldorfer Talentförderprojekt, die immer wieder zu Beginn einer Sportstunde ins Aufwärmen integriert werden sollten.

Bei den Einzelübungen mit einem Ball liegen die Schwerpunkte zunächst auf der Verbesserung der Ballfertigkeiten. Übungen zum Prellen, Rollen, den Ball am Fuß führen, Werfen und Fangen, Jonglieren und Balancieren werden sehr variantenreich trainiert und mit kniffligen Aufgabenstellungen angeboten. Besonders für Kinder in Klasse 1 und 2 sind diese Ballübungen grundlegend, um dann später bei einfachen Spielen wie Brennball oder Völkerball überhaupt teilnehmen zu können.

Bei Partnerübungen mit zwei oder drei Bällen werden die Aufgabenstellungen komplexer und stellen zum Teil hohe Anforderungen an die Grundschulkinder. Viele dieser Übungen sind – gute Grundlagen bei den Ballfertigkeiten vorausgesetzt – erst im 4. Schuljahr zu bewältigen. Koordinative Schwerpunkte wie blitzartiges Reaktionsvermögen, eine gute Orientierung oder die Fähigkeit, Aufgaben rhythmisch zu absolvieren, gewinnen an Bedeutung und werden dabei automatisch mit verbessert.

Interessant wird es, wenn bei den angebotenen Übungen noch kognitive Aufgabenstellungen zu lösen sind. Dadurch gelingt es, Sport mit den anderen Kopffächern in der Schule (Rechnen, Rechtschreiben, Lesen usw.) zu verknüpfen. Untersuchungen belegen, dass sich bei Kindern durch ein regelmäßiges Training von koordinativen Bewegungsaufgaben in Verbindung mit kognitiven Aufgabenstellungen die schulischen Leistungen schon nach wenigen Wochen deutlich verbessern.

Einzelübungen mit 1 Ball

Prellen

In Bewegung

Differenzierungsfähigkeit, Orientierungsfähigkeit, Gleichgewichtsfähigkeit, Rhythmusfähigkeit, Kopplungsfähigkeit

- Den Ball prellen und dabei andere abklatschen
- Den Ball prellen und dabei andere begrüßen
- Den Ball prellen und dabei andere begrüßen, hinknien und wieder aufstehen
- Den Ball prellen und dabei den Ball mit anderen tauschen
- Den Ball prellen und dabei den Ball mit anderen diagonal tauschen

In Bewegung mit Sonderaufgaben

Differenzierungsfähigkeit, Orientierungsfähigkeit, Rhythmusfähigkeit, Kopplungsfähigkeit

- Den Ball kräftig in den Boden prellen und weiterprellen
- Den Ball kräftig in den Boden prellen, eine Umdrehung machen und weiterprellen
- Den Ball um den Körper herum prellen
- Sidesteps machen und dabei den Ball durch die gegrätschten Beine prellen

Im Stehen

Differenzierungsfähigkeit, Rhythmusfähigkeit, Gleichgewichtsfähigkeit

- Den Ball von der einen zur anderen Hand prellen
- Den Ball um den Körper herum prellen
- Auf einem Bein stehend prellen

Im Stehen durch die Beine

Differenzierungsfähigkeit, Rhythmusfähigkeit, Gleichgewichtsfähigkeit, Kopplungsfähigkeit

- Den Ball im Achter prellen
- Den Ball von hinten und vorne prellen
- Den Ball von innen unter dem angehobenen Fuß prellen
- Den Ball von außen unter dem angehobenen Fuß prellen

Im Sitzen

Differenzierungsfähigkeit, Rhythmusfähigkeit, Gleichgewichtsfähigkeit

- Den Ball um den Körper herum prellen
- Den Ball über die gegrätschten Beine prellen
- Prellend aufstehen und sich wieder hinsetzen

Rollen

In Bewegung

Differenzierungsfähigkeit, Orientierungsfähigkeit, Rhythmusfähigkeit, Gleichgewichtsfähigkeit

- Den Ball auf Linien rollen
- Den Ball mit rechts, mit links oder im Achter rollen
- Den Ball durch die Beine rollen

Selbst vorrollen und in Variationen stoppen

Differenzierungsfähigkeit, Orientierungsfähigkeit, Reaktionsfähigkeit, Gleichgewichtsfähigkeit, Kopplungsfähigkeit

- Den Ball vorrollen und mit dem Knie stoppen
- Den Ball vorrollen und mit dem Bauch stoppen
- Den Ball vorrollen und mit der Stirn stoppen
- Den Ball vorrollen und mit dem Hintern stoppen

Am Fuß führen

Mit der Innen- oder Außenseite

Differenzierungsfähigkeit, Rhythmusfähigkeit, Gleichgewichtsfähigkeit, Kopplungsfähigkeit

» Den Ball mit der Fuß-Innenseite rechts und links führen
» Den Ball mit der Fuß-Außenseite rechts und links führen
» Den Ball zwischen den Fuß-Innenseiten vor, zurück und im Kreis spielen
» Den Ball mit der Innen- und Außenseite des Fußes spielen und einen Rhythmus nachklatschen

Mit der Sohle

Differenzierungsfähigkeit, Rhythmusfähigkeit, Gleichgewichtsfähigkeit, Kopplungsfähigkeit

» Alles mit der Sohle
» Den Ball rhythmisch rechts und links mit der Sohle spielen
» Den Ball rechts und links mit der Sohle prellen

Auf ein Signal stoppen

Differenzierungsfähigkeit, Orientierungsfähigkeit, Reaktionsfähigkeit, Gleichgewichtsfähigkeit, Kopplungsfähigkeit

» Den Ball mit der Sohle stoppen
» Den Ball mit dem Knie stoppen
» Den Ball mit dem Hintern stoppen
» Über den Ball steigen, stoppen und in Gegenrichtung wegdribbeln

Mit Finten

Differenzierungsfähigkeit, Rhythmusfähigkeit, Kopplungsfähigkeit

» Den Ball mit der Sohle zurückziehen und mit der Innenseite des gleichen Fußes wegdribbeln
» Den Ball mit der Sohle zurückziehen und mit der Außenseite des gleichen Fußes wegdribbeln
» Den Ball mit der Sohle zurückziehen, hinter dem Standbein zum anderen Fuß führen und mit der Außenseite wegdribbeln
» Über den Ball drehen

Hochspielen und fangen

Differenzierungsfähigkeit, Rhythmusfähigkeit, Kopplungsfähigkeit

» Den Ball zuerst mit der Sohle zurückziehen, hochspielen und fangen
» Den liegenden Ball hochspielen und fangen
» Den Ball zwischen die Innenseiten klemmen, hochspielen und fangen
» Den eingeklemmten Ball hochspielen und fangen

Werfen und fangen

Einfache Vorübungen

Differenzierungsfähigkeit, Orientierungsfähigkeit, Gleichgewichtsfähigkeit, Kopplungsfähigkeit

» Den Ball aufspringen lassen, mit dem Kopf spielen und fangen
» Direkt fangen
» Mit einer Hand fangen
» Eine Umdrehung machen und mit einer Hand fangen
» Den Ball im Sitzen hochwerfen, aufstehen und mit einer Hand fangen

Klatschen in Variationen

Differenzierungsfähigkeit, Orientierungsfähigkeit, Rhythmusfähigkeit, Gleichgewichtsfähigkeit, Kopplungsfähigkeit

» Den Ball hochwerfen, so oft wie möglich klatschen und wieder fangen
» Den Ball hochwerfen, vor und hinter dem Körper klatschen und mit einer Hand fangen
» Den Ball hochwerfen, beide Füße berühren, vor und hinter dem Körper klatschen und fangen

Sonderaufgaben

Differenzierungsfähigkeit, Orientierungsfähigkeit, Rhythmusfähigkeit, Gleichgewichtsfähigkeit, Kopplungsfähigkeit

- Den Ball hochwerfen, in die Liegestützstellung gehen, aufstehen und fangen
- Den Ball hochwerfen, in den Grätschsitz gehen, aufstehen und fangen
- Den Ball hochwerfen, zwischen den gegrätschten Beinen aufspringen lassen, aufstehen und fangen
- Den Ball hochwerfen, zwischen den gegrätschten Beinen aufspringen lassen, mit dem Kopf spielen, aufstehen und fangen

Kunststückchen

Differenzierungsfähigkeit, Orientierungsfähigkeit, Rhythmusfähigkeit, Gleichgewichtsfähigkeit, Kopplungsfähigkeit

- Den Ball hochwerfen und im Wechsel vor und hinter dem Körper fangen
- Den Ball hochwerfen und zwischen beiden Knien fangen
- Den angedrehten Ball über eine Hand, Schulter und Nacken zur anderen Hand rollen lassen
- Den angedrehten Ball über eine Hand, über die Brust zur anderen Hand rollen lassen

Mit gymnastischen Elementen

Differenzierungsfähigkeit, Orientierungsfähigkeit, Rhythmusfähigkeit, Gleichgewichtsfähigkeit, Kopplungsfähigkeit

- Den Ball hinter dem Kopf fallen lassen und durch die gegrätschten Beine fangen
- Den Ball durch die gegrätschten Beine hochwerfen, sich drehen und direkt fangen
- Den Ball im Wechsel vor und hinter den gegrätschten Beinen fangen
- Den Ball hochwerfen und von hinten durch die gegrätschten Beine fangen

In Rückenlage

Differenzierungsfähigkeit, Orientierungsfähigkeit, Rhythmusfähigkeit, Gleichgewichtsfähigkeit, Kopplungsfähigkeit

- Den Ball hochwerfen, aufstehen und fangen
- Den Ball hochwerfen, im Sitzen vor und hinter dem Körper klatschen und fangen
- Den Ball hochwerfen, eine Drehung zur Seite machen und fangen
- Den Ball hochwerfen, eine Rolle vorwärts machen und fangen

Jonglieren

Einfache Vorübungen mit dem Fuß

Differenzierungsfähigkeit, Orientierungsfähigkeit, Rhythmusfähigkeit, Gleichgewichtsfähigkeit, Kopplungsfähigkeit

- Den Ball mit dem Fuß hochspielen und direkt fangen
- Den Ball mit dem Fuß hochspielen, 1x aufspringen lassen und erneut spielen
- Den Ball 2x mit dem Fuß hochspielen, 1x aufspringen lassen und erneut 2x spielen

In einer bestimmten Reihenfolge

Differenzierungsfähigkeit, Orientierungsfähigkeit, Rhythmusfähigkeit, Gleichgewichtsfähigkeit, Kopplungsfähigkeit

- Den Ball mit dem Spann, Oberschenkel, Kopf spielen und fangen
- Den Ball 2x mit dem Oberschenkel hochspielen und fangen
- Den Ball 2x mit dem Oberschenkel hochspielen, dann mit dem Kopf hochspielen und fangen
- Den Ball 2x mit dem Spann, dann mit dem Kopf spielen und fangen
- Den Ball 2x mit dem Spann, Kopf, Oberschenkel spielen und fangen

So oft wie möglich

Differenzierungsfähigkeit, Orientierungsfähigkeit, Rhythmusfähigkeit, Gleichgewichtsfähigkeit, Kopplungsfähigkeit

» Mit allen Körperteilen
» Mit allen Körperteilen, ohne Beine
» Einen Ball auf einem anderen Ball

Balancieren

So lange wie möglich

Differenzierungsfähigkeit, Gleichgewichtsfähigkeit

» Den Ball auf dem Kopf balancieren
» Den Ball auf dem Spann balancieren
» Den Ball im Nacken liegend balancieren
» Auf einem Ball stehend balancieren
» Einen Ball auf einem anderen Ball balancieren

Einzelübungen mit 2 Bällen

Mit viel Ballgefühl

Schwierige Übungen mit Hand und Fuß

Differenzierungsfähigkeit, Orientierungsfähigkeit, Rhythmusfähigkeit, Gleichgewichtsfähigkeit, Kopplungsfähigkeit

» Die Bälle stehend im Wechsel mit der rechten und linken Hand hochwerfen
» Einen Ball am Fuß führen und gleichzeitig einen zweiten Ball prellen
» Einen Ball zwischen den Innenseiten hin- und herspielen und einen zweiten Ball prellen
» Einen Ball am Fuß führen und einen zweiten Ball immer wieder hochwerfen

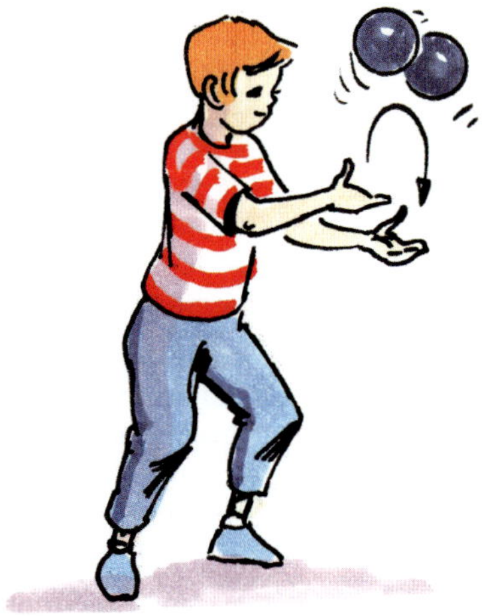

Die Bälle gleichzeitig im Bogen zur anderen Hand werfen

Partnerübungen mit 1 Ball

Schnelle Reaktion

Jagdball

Orientierungsfähigkeit, Reaktionsfähigkeit, Kopplungsfähigkeit

» A wirft B den Ball als Signal an den Rücken, B flüchtet, A nimmt den Ball auf und versucht B abzuwerfen
» A steht neben dem Ball, B ca. 1 m dahinter; auf ein Signal starten beide los, A nimmt den Ball auf, verfolgt B und versucht ihn abzuwerfen

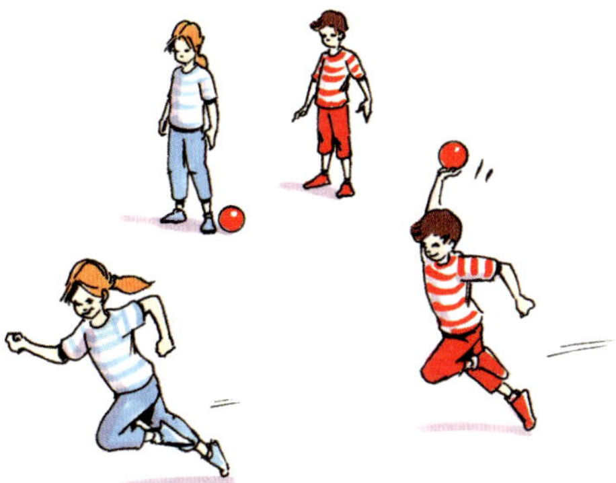

» A und B sitzen im Schneidersitz, A neben dem Ball, B ca. 1 m dahinter; auf ein Signal starten beide los, A nimmt den Ball auf, verfolgt B und versucht ihn abzuwerfen
» A und B befinden sich in Liegestützstellung, A neben dem Ball, B ca. 1 m dahinter; auf ein Signal starten beide los, A nimmt den Ball auf, verfolgt B und versucht ihn abzuwerfen

Schnapp den Ball

Differenzierungsfähigkeit, Reaktionsfähigkeit, Gleichgewichtsfähigkeit, Kopplungsfähigkeit

» A rollt B den Ball durch die gegrätschten Beine, B startet und stoppt den Ball mit dem Hintern
» A rollt B den Ball durch die gegrätschten Beine, B startet und stoppt mit dem Bauch
» A rollt den Ball so, dass ihn B in höchstem Tempo gerade noch vor einer Ziellinie fangen kann

Hindernisball

Differenzierungsfähigkeit, Orientierungsfähigkeit, Gleichgewichtsfähigkeit, Kopplungsfähigkeit

» A steht im Grätschstand, B wirft den Ball über A, kriecht unter den Beinen durch und fängt ihn nach 1x Aufspringen
» A steht im Grätschstand, B wirft den Ball über A, kriecht unter den Beinen durch und fängt ihn direkt
» A wirft einen Ball vor B in die Höhe, umläuft ihn und fängt ihn direkt
» A wirft zwei Bälle vor B in die Höhe, umläuft ihn und fängt sie direkt
» A in Bockstellung, B wirft den Ball über A, springt im Grätschsprung über A und fängt ihn direkt

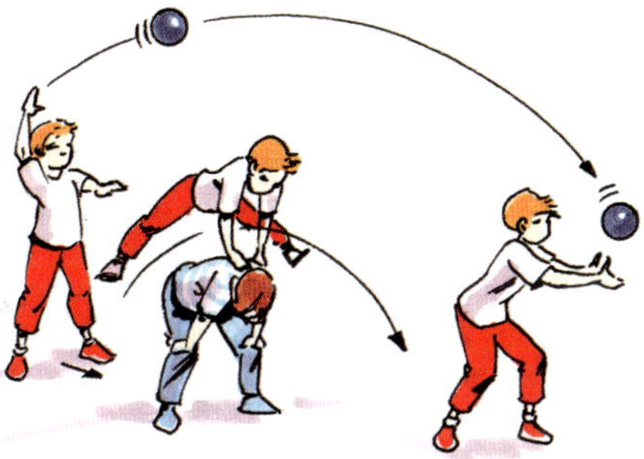

Zahlenfangen

Orientierungsfähigkeit, Reaktionsfähigkeit, Gleichgewichtsfähigkeit, Kopplungsfähigkeit

» A ruft B eine Zahl zu: „1“ = rechts fangen, „2“ = links fangen, „3“ = mit beiden Händen fangen, „4“ = den Ball zurückköpfen
» A ruft B eine Zahl zu: „1“ = rechts fangen, „2“ = links fangen, „3“ = mit beiden Händen fangen, „4“ = den Ball zurückköpfen, nach einer halben Drehung
» A zeigt eine Zahl mit den Fingern: „1“ = rechts fangen, „2“ = links fangen, „3“ = mit beiden Händen fangen, „4“ = den Ball zurückköpfen, B löst die Aufgabe und ruft die Zahl

Gleichgewichtsübungen auf einem Bein

Den Ball gegenseitig zuwerfen

Differenzierungsfähigkeit, Orientierungsfähigkeit, Rhythmusfähigkeit, Gleichgewichtsfähigkeit, Kopplungsfähigkeit

» Als Druckpass
» Zuerst den Ball auf den Boden tippen
» Den Ball im Achter durch die Beine führen

Den Ball in Variationen zurückspielen

Differenzierungsfähigkeit, Rhythmusfähigkeit, Gleichgewichtsfähigkeit

» A spielt B den Ball mit dem Spann zurück
» A köpft B den Ball zurück
» A pritscht B den Ball zurück
» A baggert B den Ball zurück

Partnerübungen mit 2 Bällen

Mit guter Orientierung

Den eigenen Ball nach Zusatzaufgabe fangen

Differenzierungsfähigkeit, Orientierungsfähigkeit, Rhythmusfähigkeit, Kopplungsfähigkeit

» Gegenseitig abklatschen
» Mit den Füßen aneinander tippen
» Nach Lufttreffer

Den anderen Ball fangen

Differenzierungsfähigkeit, Orientierungsfähigkeit, Reaktionsfähigkeit, Gleichgewichtsfähigkeit, Kopplungsfähigkeit

» Schnell zum anderen Ball
» Den eigenen Ball zuerst kräftig auf den Boden prellen, dann den anderen Ball fangen
» Sich Rücken an Rücken zum anderen Ball drehen

Im Rhythmus

Im Stehen mit dem Fuß zupassen

Differenzierungsfähigkeit, Rhythmusfähigkeit, Gleichgewichtsfähigkeit, Kopplungsfähigkeit

» Den Ball mit den Füßen hin- und herpassen
» Den Ball mit der Innenseite rechts zur Innenseite links und zupassen
» Den Ball mit der Sohle rechts zur Innenseite links und zupassen

Im Stehen zuwerfen

Differenzierungsfähigkeit, Orientierungsfähigkeit, Rhythmusfähigkeit

» Hin- und herwerfen
» Kurz nacheinander zuwerfen

In Bewegung prellend übergeben

Differenzierungsfähigkeit, Orientierungsfähigkeit, Rhythmusfähigkeit, Gleichgewichtsfähigkeit, Kopplungsfähigkeit

» Gleichzeitig 2 Bälle zum Partner
» Gleichzeitig 2 Bälle zum Partner nach Balltausch
» Gleichzeitig 2 Bälle zum Partner, zuerst im Wechsel und dann nach Balltausch

Schattenspiel oder Spiegelbild

Differenzierungsfähigkeit, Orientierungsfähigkeit, Rhythmusfähigkeit

» A prellt voraus und B als Schatten hinterher
» A führt den Ball am Fuß und B dribbelt als Schatten hinterher
» Im Stehen nebeneinander im Rhythmus prellen
» A prellt voraus und B reagiert als Spiegelbild

Komplex koordinativ

Doppelaktion mit steigender Schwierigkeit

Differenzierungsfähigkeit, Orientierungsfähigkeit, Rhythmusfähigkeit, Gleichgewichtsfähigkeit, Kopplungsfähigkeit

» A wirft zuerst 1 Ball über sich hoch, spielt den zugeworfenen Ball von B zurück und fängt den ersten Ball wieder auf
» A wirft zuerst 1 Ball über sich hoch, köpft den zugeworfenen Ball von B zurück und fängt den ersten Ball wieder auf ...
» A wirft zuerst 1 Ball über sich hoch, pritscht den zugeworfenen Ball von B zurück und fängt den ersten Ball wieder auf
» A wirft zuerst 1 Ball über sich hoch, spielt den zugeworfenen Ball von B zurück und fängt den ersten Ball nach einer ganzen Drehung wieder auf ....
» A wirft 2 Bälle über sich hoch, spielt den zugeworfenen Ball von B zurück und fängt die beiden ersten Bälle wieder auf ...
» dto....B fängt den hochgeworfenen Ball hinter dem Rücken auf
» A und B werfen jeweils 1 Ball hoch, der dritte Ball wird hin- und hergeworfen

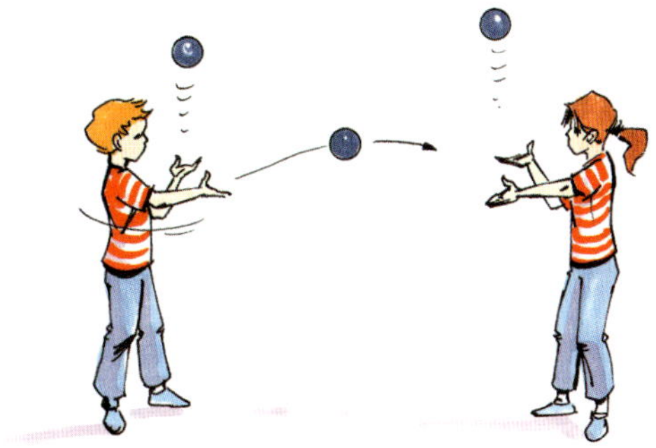

Unterschiedliche Aufgaben mit steigender Schwierigkeit

Differenzierungsfähigkeit, Orientierungsfähigkeit, Rhythmusfähigkeit, Gleichgewichtsfähigkeit, Kopplungsfähigkeit

» A spielt den Ball aus der Hand mit dem Fuß und B rollt ihn zu
» A spielt den Ball indirekt und B als Druckpass
» Der gelbe Ball wird indirekt gespielt und der rote Ball als Druckpass
» Der gelbe Ball wird indirekt gespielt, der rote Ball als Druckpass, dabei macht A Skippings, B springt beidfüßig

Partnerübungen mit 3 Bällen

Hohe koordinative Anforderungen

Gleiche Aufgaben

Differenzierungsfähigkeit, Orientierungsfähigkeit, Rhythmusfähigkeit, Kopplungsfähigkeit

» Bälle als Aufsetzer hin- und herprellen
» Bälle kniend als Aufsetzer hin- und herprellen
» Bälle hin- und herrollen
» Bälle hin- und herpassen

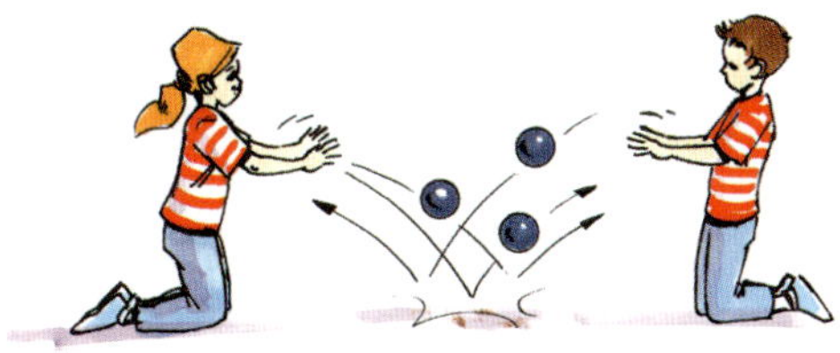

Bälle kniend als Aufsetzer hin- und herprellen

Unterschiedliche Aufgaben

Differenzierungsfähigkeit, Orientierungsfähigkeit, Rhythmusfähigkeit, Gleichgewichtsfähigkeit, Kopplungsfähigkeit

» A prellt 2 Bälle gleichzeitig und köpft einen dritten Ball zu B zurück
» A und B prellen einen Ball mit der äußeren Hand, ein dritter Ball wird mit der freien Hand hin- und hergeprellt
» A und B prellen einen Ball mit links und passen sich gleichzeitig mit den Füßen einen dritten Ball zu
» A beginnt mit 2 Bällen und B mit einem Ball; immer die freie Hand des Partners anwerfen
» dto....die Bälle werden als Aufsetzer gespielt
» dto....die Bälle werden gerollt

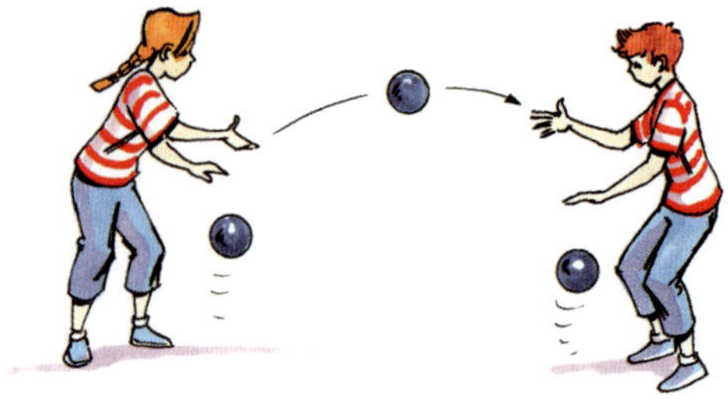

A und B prellen einen Ball mit links und werfen sich gleichzeitig mit rechts einen dritten Ball zu

In der Dreiergruppe mit 3 Bällen

Schnelles Umschalten

Im Dreieck mit der gleichen Aufgabe

Differenzierungsfähigkeit, Orientierungsfähigkeit, Rhythmusfähigkeit, Reaktionsfähigkeit, Gleichgewichtsfähigkeit, Umstellungsfähigkeit, Kopplungsfähigkeit

» Zum Nächsten werfen
» Als Aufsetzer zum Nächsten werfen
» Zum Nächsten passen und stoppen
» Direkt zum Dritten passen
» Direkt zum Dritten köpfen

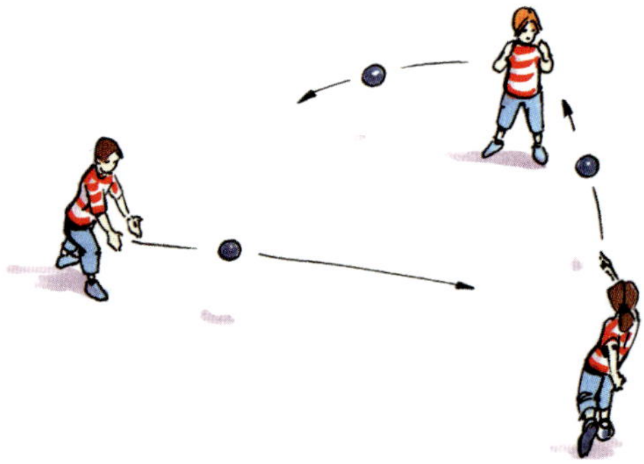

Zum Nächsten werfen

Übungen gegen die Wand

Timing und Antizipation

Einzelübungen

Differenzierungsfähigkeit, Orientierungsfähigkeit, Kopplungsfähigkeit

» Werfen und direkt auffangen
» Werfen und direkt auffangen – dann 1 Schritt zurück
» Werfen, eine Umdrehung machen und direkt auffangen
» Den Aufsetzer direkt fangen
» Mit dem Spann spielen und direkt fangen
» Mit dem Spann spielen, einmal springen lassen und erneut spielen
» Rückwärts durch die gegrätschten Beine werfen, umdrehen und auffangen

Gleichzeitig diagonal zum Partner

Differenzierungsfähigkeit, Orientierungsfähigkeit, Kopplungsfähigkeit

» Werfen
» Als Aufsetzer
» Aus der Hand mit dem Fuß
» Mit dem Fuß passen
» A passt über die Wand zu B, B passt den Ball direkt zu A

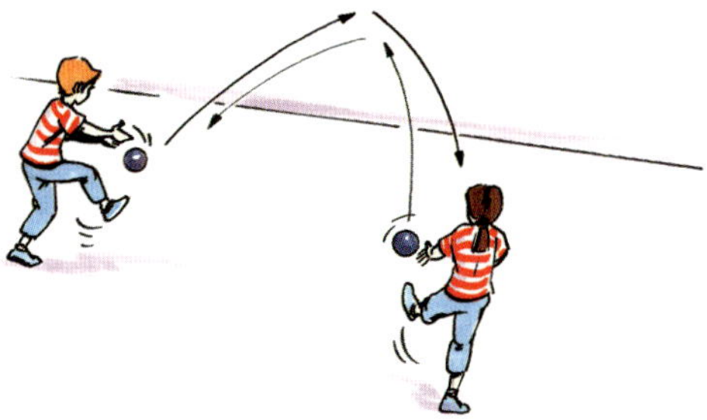

Aus der Hand mit dem Fuß

Mit dem Partner und 3 Bällen

Differenzierungsfähigkeit, Orientierungsfähigkeit, Rhythmusfähigkeit, Reaktionsfähigkeit, Gleichgewichtsfähigkeit, Umstellungsfähigkeit, Kopplungsfähigkeit

» A rollt die Bälle über die Wand zu B, B rollt direkt zu A zurück
» A spielt die Bälle als Aufsetzer über die Wand zu B, B spielt sie direkt zu A zurück

In der Dreiergruppe

Differenzierungsfähigkeit, Orientierungsfähigkeit, Rhythmusfähigkeit, Reaktionsfähigkeit, Gleichgewichtsfähigkeit, Umstellungsfähigkeit, Kopplungsfähigkeit

» A und C werfen sich den Ball über die Wand zu, B fängt seinen eigenen Ball
» A wirft über die Wand zu B, B zu C und C über den Kopf direkt zu A
» dto....mit Richtungswechsel

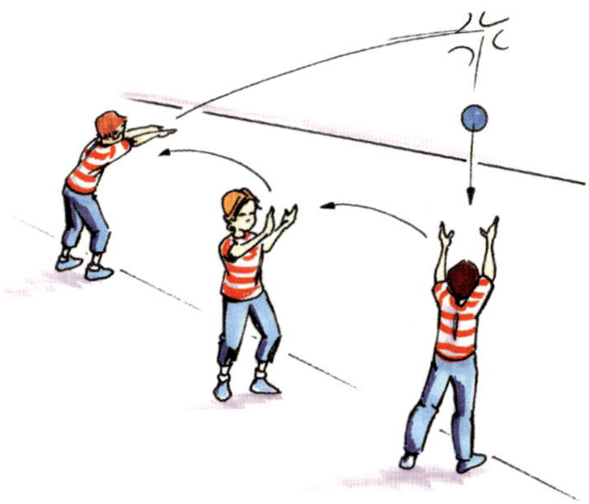

A wirft über die Wand zu B, B zu C und C über den Kopf direkt zu A

Spielideen zur Verbesserung der Ballfertigkeiten

Der Ball hat einen unwiderstehlichen Aufforderungscharakter, insbesondere bei Kindern und Jugendlichen. Dennoch führen veränderte Lebensbedingungen auch zu einem veränderten Umgang mit dem Ball.

Diesem Defizit sollte man Rechnung tragen und die notwendigen Fertigkeiten wie Werfen, Fangen, Passen, Prellen oder Schlagen wieder neu entwickeln, da diese grundlegende Voraussetzungen für die großen Sportspiele darstellen. Ohne diese Fertigkeiten ist auch eine aktive Teilnahme an beliebten Spielen wie Völkerball, Brennball, Jägerball etc. nicht möglich. Koordinative Fähigkeiten, wie die Differenzierungsfähigkeit und die Orientierungsfähigkeit, werden automatisch mit verbessert.

Die folgenden Spielideen, die besonders in Klasse 1 und 2 einzusetzen sind, sollen schwerpunktmäßig die Ballfertigkeiten schulen. Das Ballgefühl, eine gute Übersicht und schnelle Reaktionen sind ebenso wichtig, um im Spiel erfolgreich sein zu können. Aufwärm- und Abschlussspiele sowie Wettspiele mit mehreren Gruppen runden dieses Kapitel ab. Der Spaß am Spielen sollte immer Priorität haben.

Familie Meier im Zoo

beliebig

3 Bänke, 3 Matten,
3 Basketballkörbe

Drei Mannschaften bilden, kennzeichnen und ihren Bänken zuteilen. Jede(r) hat einen Gymnastikball.

Die Kinder von Mannschaft A, B und C sitzen jeweils mit Ball auf ihrer Bank. Der Lehrer erzählt die Geschichte von Familie Meier, die einen Zoobesuch macht. Jedes Kind bekommt eine bestimmte Rolle zugeteilt. Vater, Mutter, Peter, Susi, Dackel Waldemar, Löwe, Affe oder Elefant. Auf das entsprechende Signal prellen die jeweiligen Kinder den Ball zu einer Matte und versuchen von dort in den Korb zu treffen. Kommt das Signal „Familie“ (alle Familienmitglieder) oder „Zoo“ (alle Tiere), versuchen alle Kinder dieser Gruppe einen Korb zu erzielen. Welche Mannschaft erzielt am meisten Treffer?

» Jeweils ein Kind zählt die Treffer bei jeder Gruppe
» Abstand von der Bank zur Matte und von der Matte zum Korb variieren
» Durch Reifen werfen
» Mit dem Fuß durch ein Hütchentor passen

» Differenzierungsfähigkeit
» Orientierungsfähigkeit
» Reaktionsfähigkeit

» prellen
» werfen
» passen

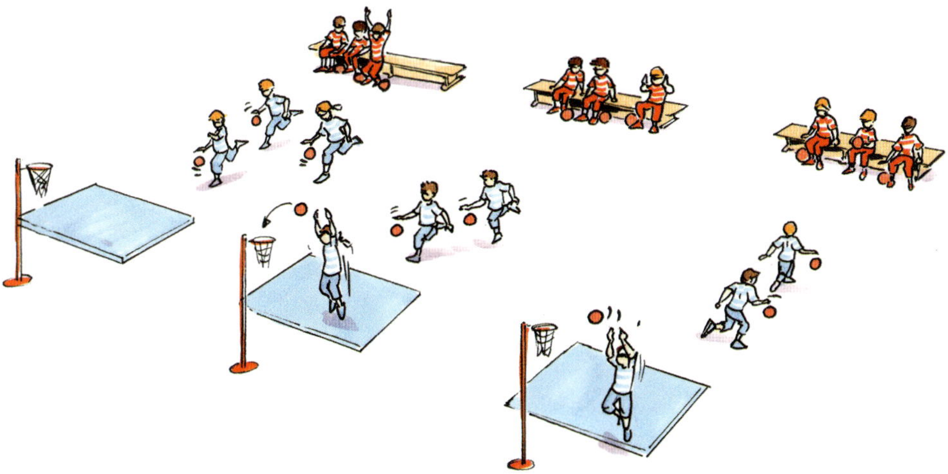

Zurück ins Spiel

beliebig

Bälle, 3 Bänke, Bänder

Jede(r) hat 1 Ball. Mindestens 3 Fänger einteilen und kennzeichnen.

Alle prellen den Ball. Die Fänger versuchen dabei alle anderen abzuschlagen. Abgeschlagene Kinder können wieder ins Spiel zurück, wenn – ohne Fehler – prellend über eine Bank gelaufen wird. Fänger dürfen am Bankende nicht abschlagen. Gelingt es den Fängern, alle abzuschlagen? Wie viele Kinder sind nach 2 Minuten noch im Spiel?

» Anzahl der Fänger variieren
» Anzahl der Bänke variieren
» Auf der Bank laufen und den Ball dabei daneben auf den Boden prellen

» Differenzierungsfähigkeit
» Orientierungsfähigkeit
» Reaktionsfähigkeit

» dribbeln
» prellen

Monsterspiel

beliebig

Bälle, 1 Matte

1 Fänger kennzeichnen und eine Matte auslegen.

In der Mitte der Turnhalle liegt eine Matte, auf der ein Kind als Monster steht. Alle anderen Kinder prellen einen Ball. Sobald das Monster eine Zahl zwischen 1 und 8 ruft, müssen sich so schnell wie möglich entsprechend viele Kinder als Gruppe finden. Kinder ohne Gruppe legen ihren Ball ab und werden ebenfalls zum Monster.

» Ausgangsposition der Monster variieren (Schneidersitz, liegend auf dem Bauch/Rücken usw.)
» Den Ball am Fuß führen
» Den Ball rollen

» Differenzierungsfähigkeit
» Orientierungsfähigkeit
» Reaktionsfähigkeit

» prellen
» rollen
» dribbeln

Herr Fuchs der Hühnerdieb

beliebig

Bälle, Bänder, Tamburin

1 Kind als Fuchs auswählen und kennzeichnen.

Alle Kinder prellen einen Ball durch die Halle. Die Hühner fragen den Fuchs immer wieder: „Wie spät ist es Herr Fuchs?" Dieser antwortet mit beliebigen Uhrzeiten. Irgendwann ruft er: „Zeit für Mittagessen!" und versucht nun innerhalb von 12 Tamburinschlägen so viele Hühner wie möglich zu fangen. Die Hühner werfen ihren Ball weg und flüchten. Wer gefangen ist, setzt sich auf den Boden. Nach den 12 Sekunden werden die abgeschlagenen Hühner gezählt und ein neuer Fuchs gewählt. Wer ist der hungrigste Fuchs von allen?

» Mehrere Kinder sind Füchse und fangen gemeinsam
» Auch der Fuchs prellt einen Ball
» Den Ball am Fuß führen

» Differenzierungsfähigkeit
» Orientierungsfähigkeit
» Reaktionsfähigkeit

» prellen
» dribbeln

Seitenwechsel

beliebig

Bälle, Hütchen (evtl. Bänke)

Zwei Mannschaften einteilen und kennzeichnen. Mit Hütchen 2 Felder und eine Begrenzungslinie markieren. Jede(r) hat 1 Ball.

Jedes Kind prellt seinen Ball im zugeteilten Feld. Auf das Signal „Hopp" wechseln alle rechts von der Begrenzungslinie zur anderen Seite. Welche Gruppe ist zuerst im Feld?

» 4 Felder markieren und quadratisch anordnen (Wechsel: vor, zurück, diagonal usw.)
» Die Kinder wechseln links
» Rechts oder links wechseln
» Ball am Fuß führen
» Zeitdruck

» Differenzierungsfähigkeit
» Orientierungsfähigkeit
» Reaktionsfähigkeit

» prellen
» dribbeln

Prellstaffel

beliebig

4 Bälle, Matten,
Reifen in 4 Farben, Bänder

Vier Gruppen bilden, kennzeichnen und den Matten zuteilen. Jede(r) hat einen Ball. Gleichmäßig Reifen in vier Farben verteilen.

Auf ein Signal startet jeweils das erste Kind von jeder Gruppe los und prellt in jeden Reifen seiner Farbe. Danach rennt es zurück und übergibt den Ball dem nächsten Kind.
Welche Gruppe ist zuerst fertig?

» Ballübergabe kann variiert werden z. B. rückwärts durch die gegrätschten Beine übergeben oder vor der Übergabe um die Gruppe herum laufen usw.
» Den Ball mit der Innen- oder Außenseite um jeden Reifen seiner Farbe führen

» Differenzierungsfähigkeit
» Orientierungsfähigkeit
» Reaktionsfähigkeit

» prellen
» dribbeln

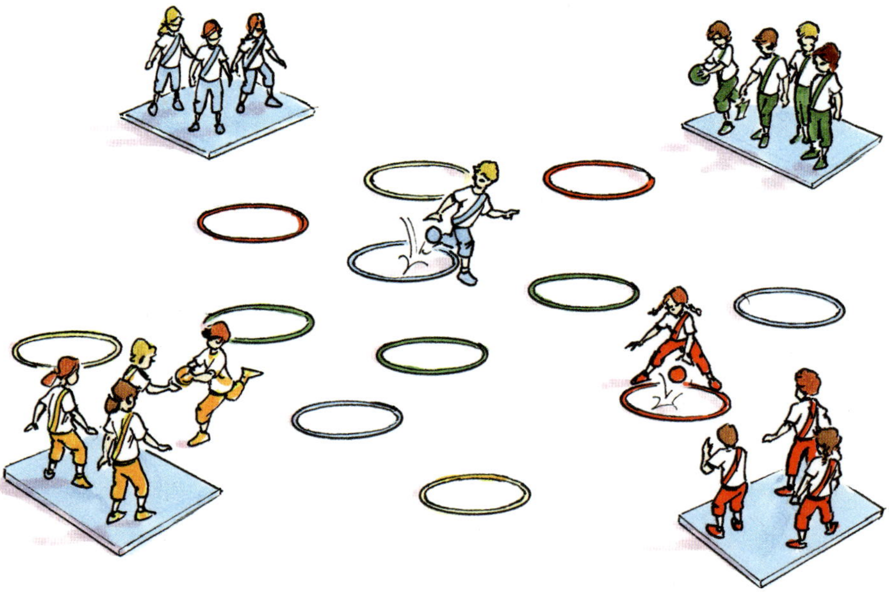

Berührballchampion

beliebig

Bälle, Hütchen

Jede(r) hat 1 Ball. Mit Hütchen ein Feld markieren.

Alle Kinder prellen in einem abgegrenzten Feld durcheinander. Dabei versuchen sie mit der freien Hand, so viel wie möglich andere Kinder an bestimmten Körperteilen zu berühren. Beispiel: Rücken, Schulter, Hintern usw. Wer schafft in 1 Minute die meisten Berührungen? Wer hat zuerst 10 Berührungen geschafft?

» Dribbeln
» Den Ball mit dem schwächeren Fuß spielen
» Spielfeldgröße anpassen
» Zwei Mannschaften gegeneinander

» Differenzierungsfähigkeit
» Orientierungsfähigkeit
» Reaktionsfähigkeit
» Kopplungsfähigkeit

» dribbeln
» prellen

Brückenwächter

beliebig

Bälle, Hütchen, Bänder

Drei Brückenwächter für jede Brücke bestimmen und kennzeichnen. Mit Hütchen 2 Brücken markieren.

Alle Kinder versuchen prellend an 3 Brückenwächtern vorbei zwei Brücken – ohne abgeschlagen zu werden – zu überqueren. Die Brückenwächter – ebenfalls mit Ball – dürfen die Brücke nicht verlassen. Jedes erfolgreiche Überqueren der Brücken = 1 Punkt. Welches Kind hat nach 5 Durchgängen die meisten Punkte?

» Taktik: Lücken erkennen
» Jedes Kind hat 3 (4,5) Punkte Startkapital.
» Brückenbreite verändern!
» Die Brückenwächter schießen mit einem Ball ab.
» Den Ball am Fuß führen

» Differenzierungsfähigkeit
» Orientierungsfähigkeit
» Reaktionsfähigkeit

» prellen
» dribbeln
» werfen

Hasenjagd

beliebig

Softbälle, Bänder

Die Kinder in 2 Mannschaften einteilen und kennzeichnen. Von der Jägermannschaft hat jeder einen Ball.

Die Jäger mit Ball versuchen in einer bestimmten Zeit so viel Hasen wie möglich abzuwerfen. Ein Jäger darf nicht zweimal nacheinander den selben Hasen abwerfen. Danach ist Aufgabenwechsel. Wer hat nach 1 Minute die meisten Treffer? Welche Mannschaft hat mehr Treffer erzielt?

» Den Ball am Fuß führen und abschießen
» Feldgröße variieren
» Den Ball prellen und abkegeln
» Jedes Kind mit Ball
» Trefffläche nur die Beine

» Differenzierungsfähigkeit
» Orientierungsfähigkeit
» Reaktionsfähigkeit

» dribbeln
» schießen
» werfen
» prellen
» rollen

Fuchs im Hühnerstall

beliebig

Softbälle

Zwei Mannschaften bilden und kennzeichnen.

Die Mannschaft A – die Füchse – stellen sich an der Grundlinie des Feldes auf. Mannschaft B – alle Hühner – verteilen sich im Feld. Der erste Fuchs startet mit Ball und versucht ein Huhn abzuwerfen. Das abgeschossene Huhn setzt sich an eine ausgemachte Stelle hin und der Fuchs kehrt zu seiner Gruppe zurück. Danach startet der zweite Fuchs. Sind alle Hühner abgeworfen, ist Aufgabenwechsel. Welche Mannschaft schafft es in der kürzeren Zeit?

» Trefffläche wird vorgegeben, z. B. nur an den Füßen oder nur am Rücken
» Mit dem Fuß abschießen
» Rückwärts durch die gegrätschten Beine abschießen
» Jeder Fuchs hat 3 Versuche

» Differenzierungsfähigkeit
» Orientierungsfähigkeit
» Reaktionsfähigkeit

» werfen
» dribbeln
» schießen

Zombieball

beliebig

Softbälle, Langbänke

1 Spielfeld durch Bänke abgrenzen

Alle Kinder versuchen bei Ballbesitz so schnell wie möglich ein anderes Kind abzuwerfen. Wer getroffen wird, stellt sich auf die Bank und merkt sich den Schützen. Man kann wieder am Spiel teilnehmen, wenn das Kind, das einen getroffen hat, ebenfalls abgeschossen wurde. Es wird mit 2 Bällen gespielt. Wer den Ball fängt, kann sofort werfen und bleibt im Spiel.

» Feldgröße der Anzahl der Kinder anpassen
» 3 Schritte
» Mädchen schießen nur Mädchen ab (roter Ball) und Buben nur Buben (weißer Ball)

» Differenzierungsfähigkeit
» Orientierungsfähigkeit
» Reaktionsfähigkeit

» werfen und fangen

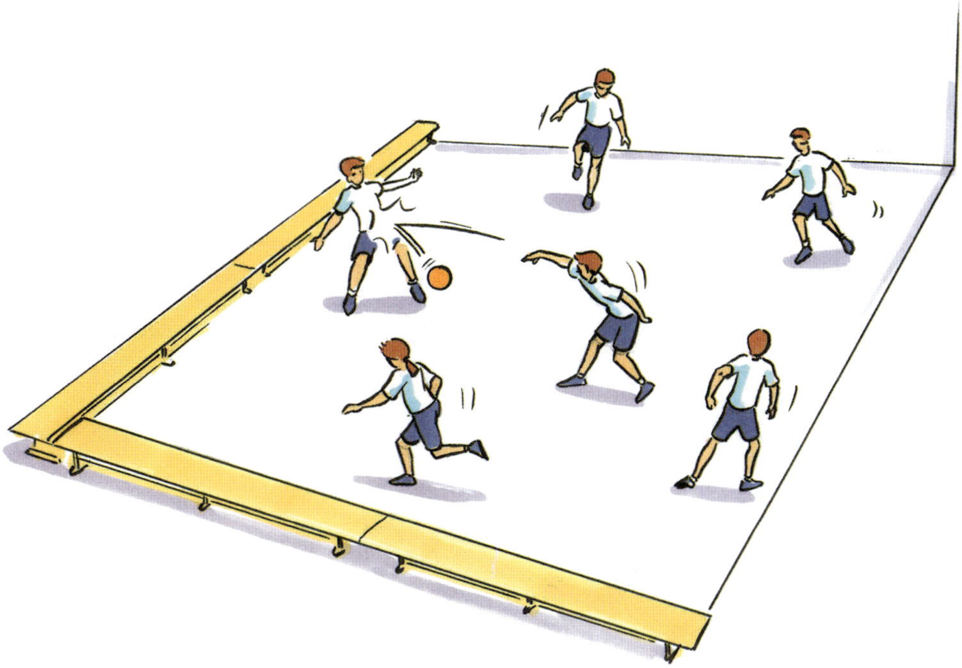

Zuspiel befreit

beliebig

Softbälle, Bänder

2 Mannschaften einteilen und kennzeichnen. Die Jägermannschaft bekommt 3 Bälle.

Die Jäger versuchen alle Kinder der anderen Mannschaft abzuwerfen. Wird ein Kind getroffen, setzt es sich an der Stelle auf den Boden. Kann ein sitzendes Kind, durch einen Fehlschuss, einen Ball aufnehmen, darf es den Ball einem anderen sitzenden Kind zuwerfen oder zurollen und ist wieder frei. Der Ball wird so lange weitergepasst, bis ein Jäger den Ball wieder erobert. Wie lange brauchen die Jäger, bis alle abgeworfen sind?

» Nach 3 Schritten werfen oder passen
» 3 Sekunden Zeit zum Weiterpassen
» Jedes Kind hat 2 Leben
» Es zählen nur Beintreffer oder Treffer am Rücken

» Differenzierungsfähigkeit
» Orientierungsfähigkeit
» Reaktionsfähigkeit

» werfen
» rollen
» passen

Haltet die Seite frei

beliebig

Verschiedene Bälle,
Hütchen (evtl. Bänke), Bänder

Zwei Mannschaften bilden, kennzeichnen und einer Spielfeldhälfte zuteilen. Mit Hütchen oder Bänken eine Mittellinie markieren.

Beide Mannschaften versuchen jeweils alle Bälle, die sich in ihrer Hallenhälfte befinden, auf die andere Seite zu werfen. Auf das Signal „Stopp oder Eis" werden die Bälle gezählt. Die Mannschaft mit weniger Bällen bekommt einen Punkt.

» Den Ball rollen
» Mit dem Fuß spielen
» Rückwärts werfen
» Wird auf der anderen Seite ein Kind getroffen, setzt es sich ab und ist aus dem Spiel

» Differenzierungsfähigkeit
» Orientierungsfähigkeit
» Reaktionsfähigkeit

» werfen
» rollen
» schießen

Ball über das Netz

beliebig

Bälle in zwei Farben (rot, blau), Volleyballnetz (Bauband)

Zwei Mannschaften bilden und kennzeichnen. Jede(r) hat einen Ball. Ein Netz befestigen.

Zwei Mannschaften versuchen ihr Feld von Bällen freizuhalten, indem sie diese über ein Netz auf die andere Seite werfen. Sieger ist die Mannschaft, die nach einer bestimmten Zeit mehr Bälle im anderen Feld unterbringen konnte. Fängt ein Kind den Ball aus der Luft, wird dieser Ball gesammelt und nach Spielende von der Gesamtzahl der Bälle abgezogen.

» Den Ball als Einwurf mit beiden Händen über das Netz werfen
» Den Ball mit dem Fuß aus der Hand auf die andere Seite schießen
» Den Ball über das Netz pritschen.
» Den blauen Ball mit dem Fuß, den roten Ball mit der Hand über das Netz werfen
» Wer einen Ball direkt fängt, setzt sich ab. Bei welcher Mannschaft sitzen am Ende mehr Kinder?

» Differenzierungsfähigkeit
» Orientierungsfähigkeit

» werfen und fangen
» schießen
» pritschen

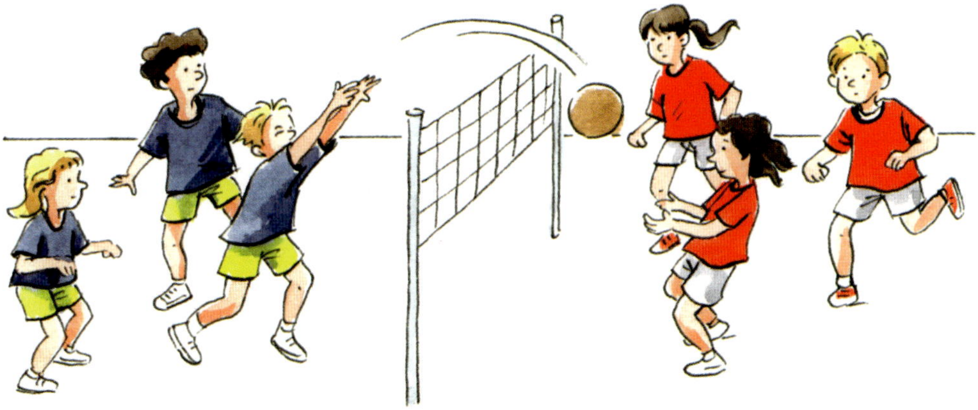

Laufender Keiler

beliebig

Softbälle, Hütchen, Langbänke

Zwei Mannschaften bilden und kennzeichnen. Mit Hütchen eine Laufstrecke markieren und Bänke aufstellen.

Alle Kinder von Mannschaft A versuchen einzeln – ohne getroffen zu werden – von einem Hütchen zum anderen zu gelangen. Im Anschluss laufen sie auf der anderen Seite wieder zum Starthütchen zurück. Die Kinder von Mannschaft B stehen hinter Langbänken und schießen die Keiler ab. Welcher Keiler bleibt am längsten im Spiel? Danach ist Aufgabenwechsel, Kinder von A sind die Keiler und B schießt.

» Abstand der Bänke variieren
» Keiler haben 2 oder 3 Leben
» 2 oder 3 Keiler laufen gleichzeitig
» Wer von den Schützen hat zuerst 5 Treffer?

» Differenzierungsfähigkeit
» Orientierungsfähigkeit
» Reaktionsfähigkeit

» werfen

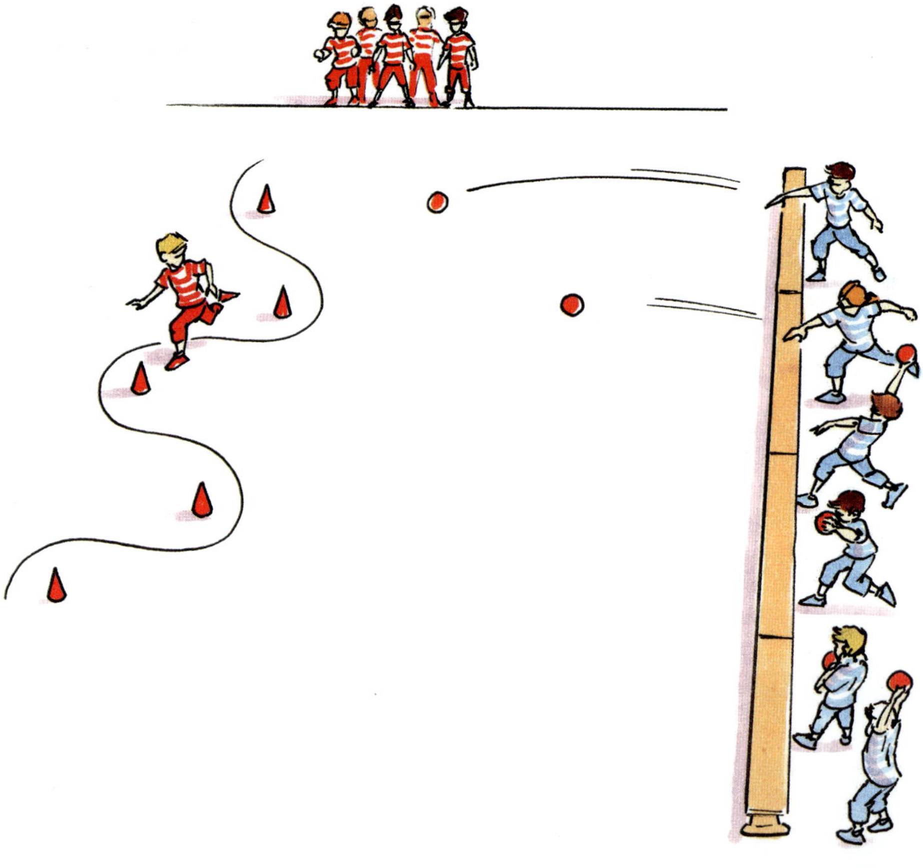

Balanciermeister

beliebig

Bänke, Bälle

Zwei Mannschaften A und B bilden und kennzeichnen. Jede(r) Schütze hat 2 Softbälle. Eine Wurflinie mit Hütchen markieren.

Die Kinder von Mannschaft A laufen nacheinander über umgedrehte Bänke. Mannschaft B – ca. 5 m entfernt hinter einer Wurflinie – versucht die balancierenden Kinder dabei mit Softbällen zu treffen und aus dem Gleichgewicht zu bringen. Es darf nur hinter den Wurflinien geschossen werden. Jedes Kind balanciert 5-mal. Für jeden erfolgreichen Versuch gibt es 1 Punkt. Nach 5 Durchgängen wird gewechselt. Welches Kind schafft am meisten Punkte?

» Rückwärts balancieren
» Seitlich balancieren
» Mit geschlossenen Augen balancieren?
» Abstand der Wurflinien variieren
6, 7, 8 Durchgänge

» Differenzierungsfähigkeit
» Gleichgewichtsfähigkeit

» werfen

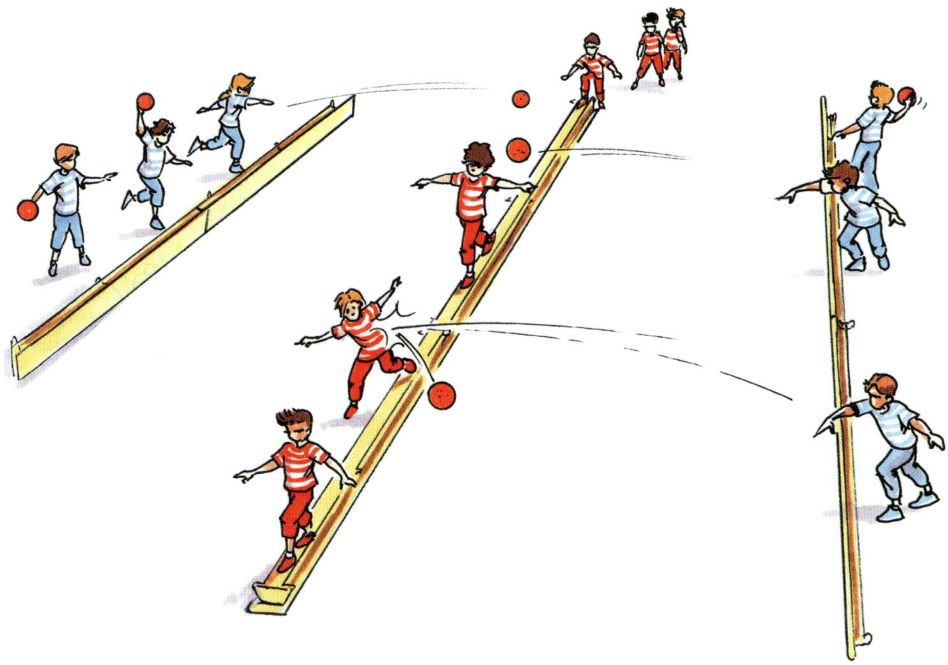

Tunnelballfangen

beliebig

Bälle, Hütchen, Bänder

Jede(r) hat 1 Ball. Mindestens 5 Fänger einteilen und kennzeichnen.

Alle führen den Ball am Fuß. Die Fänger versuchen die anderen Kinder abzuschlagen. Diese nehmen den Ball in die Hand und bleiben im Grätschstand stehen. Sie sind dann wieder frei, wenn ein Mitspieler den Ball durch die gegrätschten Beine spielt. Gelingt es in einer bestimmten Zeit alle abzuschlagen?

» Alle prellen – beim Befreien einmal um das Kind prellen und abschlagen
» In Liegestützstellung gehen oder eine Brücke machen
» Verschiedene Bälle

» Differenzierungsfähigkeit
» Orientierungsfähigkeit
» Reaktionsfähigkeit
» Kopplungsfähigkeit

» dribbeln
» prellen

Vierfüßlerspiel

beliebig

Bälle, Bänder, Hütchen

Zwei Gruppen bilden und kennzeichnen. Ein Feld markieren. Eine Gruppe mit Ball.

Eine Gruppe verteilt sich sitzend im Feld, die anderen dribbeln mit Ball um die sitzenden Kinder. Diese versuchen im Vierfüßlergang den ballführenden Kindern den Ball zu klauen. Wer den Ball verloren hat, wird zum Vierfüßler. Wie viele Kinder sind nach 2 Minuten noch im Spiel? Danach werden die Aufgaben gewechselt.

» Den Ball prellen
» Den Ball mit dem schwächeren Fuß spielen
» Jedes Kind hat 2 Leben
» Dauer des Spiels variieren

» Differenzierungsfähigkeit
» Orientierungsfähigkeit
» Reaktionsfähigkeit
» Rhythmusfähigkeit

» dribbeln
» prellen

Der Haifisch greift an

beliebig

Bälle, Weichbodenmatte, Bänder

Eine Weichbodenmatte als Insel auslegen und einen Hai bestimmen.

Die Fische schwimmen im Meer d. h. sie führen einen Ball am Fuß und drehen sich immer wieder dabei mit ausgestreckten Armen. Unter ihnen gibt es einen Hai, ebenfalls mit Ball, der versucht die Fische zu fangen. Diese können sich retten, indem sie auf eine Insel flüchten. Von dort aus versuchen sie immer wieder im Meer unterzutauchen. Alle Fische, die der Hai gefangen hat, holen sich ein Band und werden ebenfalls zu Haien.

» Gefangene erfüllen eine Zusatzaufgabe und sind wieder im Spiel
» Die Fische dürfen nur eine bestimmte Zeit auf der Insel bleiben
» Die Fische dürfen nur1- oder 2x auf die Insel
» 2 Haie zu Beginn
» 2 Weichbodenmatten

» Differenzierungsfähigkeit
» Orientierungsfähigkeit
» Reaktionsfähigkeit
» Kopplungsfähigkeit

» dribbeln

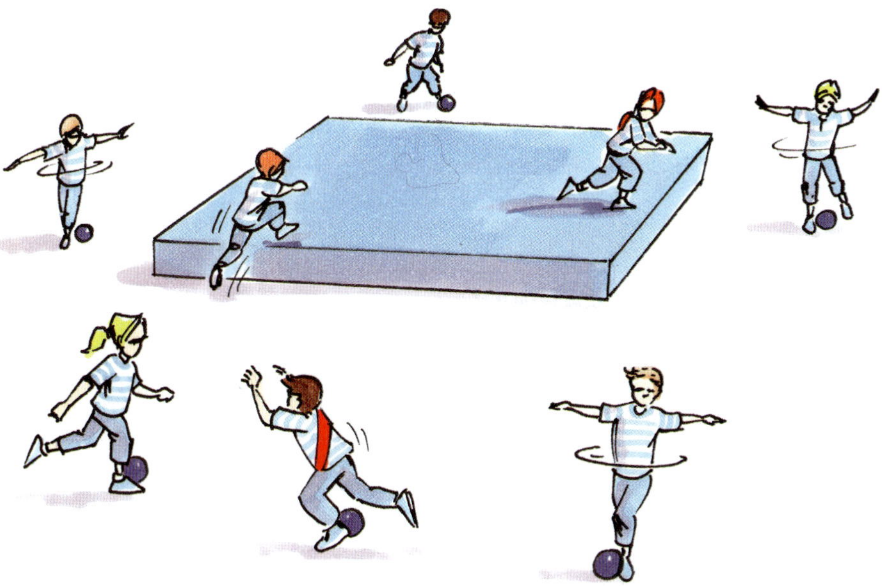

Feuer, Wasser, Sturm, Insel

beliebig

Matten, kleine Kästen, andere Geräte, Bälle

Zwei Mannschaften bilden und kennzeichnen. Jede(r) hat einen Gymnastikball.

Die Kinder von Mannschaft A und B führen einen Ball am Fuß und reagieren auf bestimmte Signale. Nach dem Signal nehmen sie den Ball in die Hand und erfüllen die Aufgabe.
- Feuer: In eine Ecke
- Sturm: Auf den Ball legen
- Insel: Auf eine Matte
- Wasser: Mit Ball auf ein Gerät steigen

Jede Mannschaft startet mit 5 Punkten Bonus. Welche Mannschaft hat die Aufgabe zuerst erfüllt?

- Die Kinder prellen den Ball
- Signal „Eis“: Die Kinder stoppen den Ball und bleiben „zu Eis gefroren“ stehen
- Weitere Signale: Brücke, Funkturm, Hamburger etc.
- Optisches Signal

- Differenzierungsfähigkeit
- Orientierungsfähigkeit
- Reaktionsfähigkeit

- dribbeln
- prellen

Welcher Platz?

beliebig

Bälle, 4 Matten, Reifen in vier Farben

Vier Mannschaften bilden, kennzeichnen und eine Matte zuteilen. Jede(r) hat einen Ball. Vier Matten in den Ecken auslegen.

Die Spieler dribbeln mit Ball um die Reifen ihrer Farbe und führen bestimmte Aufgaben aus: Auf ein akustisches oder optisches Signal dribbeln sie so schnell wie möglich zur Matte zurück oder suchen sich danach einen Reifen ihrer Farbe.
- Signal „Matte“
- Signal „Reifen“
- Welche Gruppe sitzt zuerst auf der Matte oder in den Reifen?

- Die Kinder rollen oder prellen den Ball
- Bei Signal „Matte“ zuerst den Ball in einen gleichfarbigen Reifen legen und dann auf die Matte

- Differenzierungsfähigkeit
- Orientierungsfähigkeit
- Rhythmusfähigkeit

- prellen
- dribbeln
- rollen

Kegel in die Kiste

beliebig

Kegel, 4 Kisten, 4 Matten
Bänder in 4 Farben

Vier Mannschaften bilden, kennzeichnen und einer Matte zuteilen. Jede(r) hat einen Ball. Die Kegel sind gleichmäßig in der Halle verteilt.

Vier Mannschaften (rot, gelb, grün und blau) befinden sich in den Ecken der Halle auf einer Matte. Von dort aus dribbelt zunächst jeweils 1 Kind los und versucht mit dem Ball am Fuß einen Kegel aufzunehmen, zurück zu dribbeln und in der Kiste auf der Matte abzulegen. Fällt dabei ein Kegel um, wird dieser wieder aufgestellt und ohne Kegel zurückgedribbelt. Dann ist das nächste Kind an der Reihe. Welche Mannschaft sammelt am meisten Kegel ein?

- 2 Kinder starten gleichzeitig los
- Alle Kinder starten gleichzeitig los
- Die Kegel stehen in der Mitte von Reifen. Diese dürfen nicht betreten werden!

- Differenzierungsfähigkeit
- Orientierungsfähigkeit
- Gleichgewichtsfähigkeit

- dribbeln

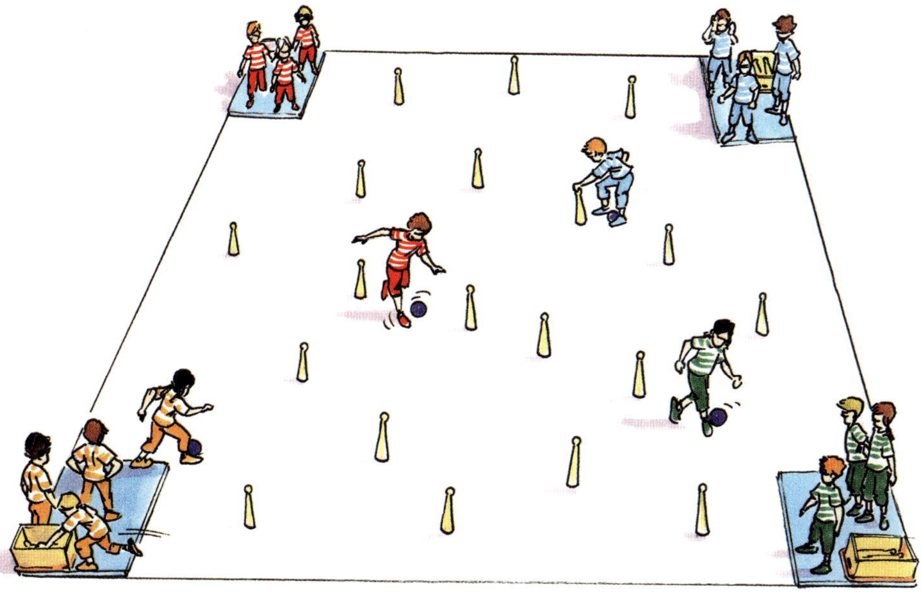

Hockenheimring

beliebig

Bälle, Viele Hütchen zur Begrenzung, Matten, Stangen, Kastenteile

Jeder hat 1 Ball. Mit Hütchen eine Rennstrecke begrenzen und markieren. Verschiedene Hindernisse und Gefahrenstellen einbauen.

Die Kinder durchfahren den Hockenheimring dribbelnd und beginnen mit 3 Punkten Startkapital. Bei jedem Unfall – wenn der Ball außerhalb der Strecke landet – wird ein Punkt abgezogen. Wer ist nach 5 Runden noch übrig bzw. wer hat noch am meisten Punkte? Mögliche Hindernisse oder Gefahrenstellen:

» Kaputter Belag (Matten)
» Auto (Kastenteil) mit Motorschaden liegt auf der Strecke
» Verengte Fahrbahn (mit Hütchen markieren)
» Baustelle (Stangen, die im Slalom umfahren werden müssen)

» Nach einem Unfall geht es in die Box zurück und ein Ersatzauto wird genommen (anderer Ball)
» Den Ball prellen
» Im Wechsel 1 Runde prellen und 1 Runde am Fuß führen
» Im Wechsel 1 Runde mit rechts und 1 Runde mit links prellen

» Differenzierungsfähigkeit
» Orientierungsfähigkeit

» dribbeln
» prellen

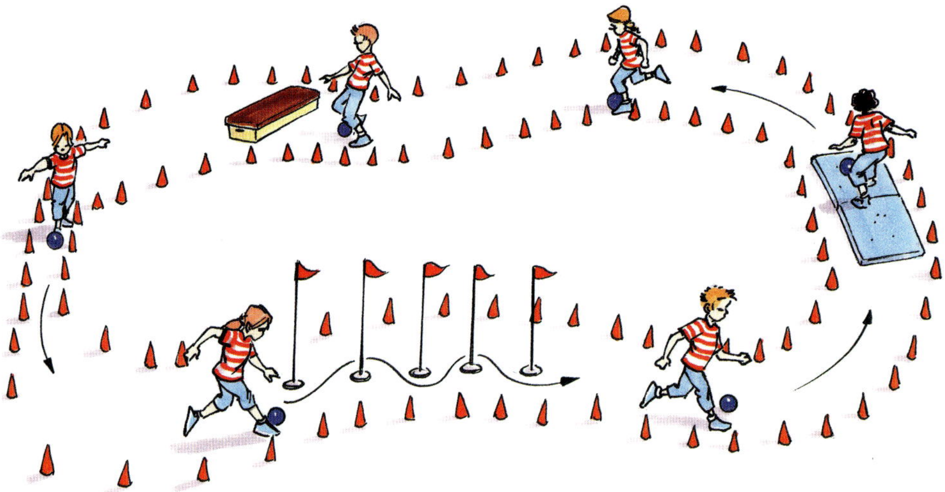

Abschleppdienst (ADAC-Pannenhilfe)

beliebig

Bälle, Hütchen, Matten

Jede(r) hat einen Ball. 4 Spieler mit gelben Bändern sind vom ADAC! Mit Hütchen eine Kreuzung markieren. Jede Straße hat 2 Spuren.

Die Kinder starten – dribbelnd mit Ball – auf allen 4 Straßen, die in die Kreuzung einmünden. Es gibt eine linke und eine rechte Spur. Die Kinder fahren im 1., 2., 3. oder im Rückwärtsgang. Der Lehrer gibt die Signale. Wenn ein Auto einen Unfall macht (der Ball rollt von der Strecke), kommt der ADAC mit einer Abschleppstange. Das vordere Auto und das hintere Auto werden mit einer Stange verbunden und die Pannenhelfer schleppen das Auto ab. Die Kinder haben die Stange jeweils in einer Hand.

» Der Polizist regelt den Verkehr durch Handzeichen
» Den Ball prellen oder rollen

» Differenzierungsfähigkeit
» Orientierungsfähigkeit
» Rhythmusfähigkeit

» dribbeln
» prellen
» rollen

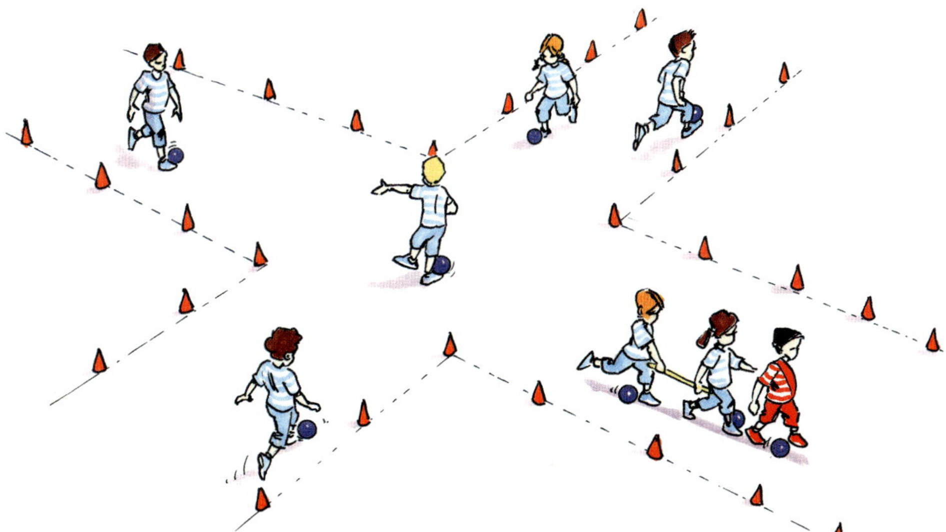

Fußball-Fangen

beliebig

Bälle in zwei verschiedenen Farben (weiß, rot), Bänder

Jede(r) hat einen Ball. 5 Kinder kennzeichnen.

Alle Kinder dribbeln mit dem Ball am Fuß in der Halle. Fünf Fänger versuchen mit einem weißen Ball einen roten Ball von einem anderen Kind zu treffen. Gelingt dies, dann erfolgt ein Rollentausch.

» Die Fänger rollen den Ball
» Verschiedene Geräte als Hindernisse einbauen

» Differenzierungsfähigkeit
» Orientierungsfähigkeit
» Reaktionsfähigkeit

» dribbeln
» schießen
» rollen

Spielerjagd

beliebig

Bälle, Hütchen, Bänder

Zwei Mannschaften bilden und kennzeichnen. Für jede Mannschaft ein Feld markieren. Pro Mannschaft 1 Ball.

Alle Spiele von Mannschaft A stellen sich mit Ball am Spielfeldrand des eigenen Spielfeldes auf. Die Spieler von B sind ohne Ball in ihrem Feld verteilt. Auf ein Signal dribbelt der erste Spieler von A mit Ball in das gegnerische Spielfeld und versucht so schnell wie möglich einen Spieler mit dem Ball abzuschießen. Anschließend sprintet er mit Ball zur Gruppe zurück und übergibt den Ball dem 2. Spieler usw. Danach ist Aufgabenwechsel. Welche Mannschaft schafft es in der kürzeren Zeit?

» abkegeln
» Zwei Kinder müssen getroffen werden
» 2 (3 oder 4) Kinder starten gleichzeitig los. Welche Gruppe hat die Aufgabe zuerst erledigt?
» Spielfeldgröße anpassen

» Differenzierungsfähigkeit
» Orientierungsfähigkeit
» Reaktionsfähigkeit

» dribbeln
» rollen

Das Labyrinth

beliebig

4 Softbälle, viele Matten,
1 Weichbodenmatte,
4 Kästen

4 Schützen einteilen und kennzeichnen.
Viele Matten und eine Weichbodenmatte so auslegen, dass die Kinder von Matte zu Matte springen können. Zusätzlich 4 Kästen zwischen den Matten aufstellen.

4 Schützen mit Softbällen dribbeln mit dem Ball am Fuß im Labyrinth herum und versuchen die anderen Kinder abzuschießen. Diese dürfen nur von Matte zu Matte springen. Die 4 Kästen werden verteilt aufgestellt und bieten den flüchtenden Kindern zusätzlichen Schutz. Ist ein Kind abgeschossen, muss es auf die Weichbodenmatte. Gelingt es einem Kind auf einer Matte den Ball direkt zu fangen, ohne dass er auf den Boden fällt, sind alle wieder frei. Gelingt es den Schützen in 2 Minuten alle abzuschießen?

» Anzahl der Schützen variieren
» Kästen werden als Hindernisse eingebaut
» Ein Fänger auf den Matten unterstützt die Schützen
» Die Schützen prellen den Ball und werfen ab

» Differenzierungsfähigkeit
» Orientierungsfähigkeit
» Reaktionsfähigkeit

» dribbeln
» schießen
» werfen und fangen

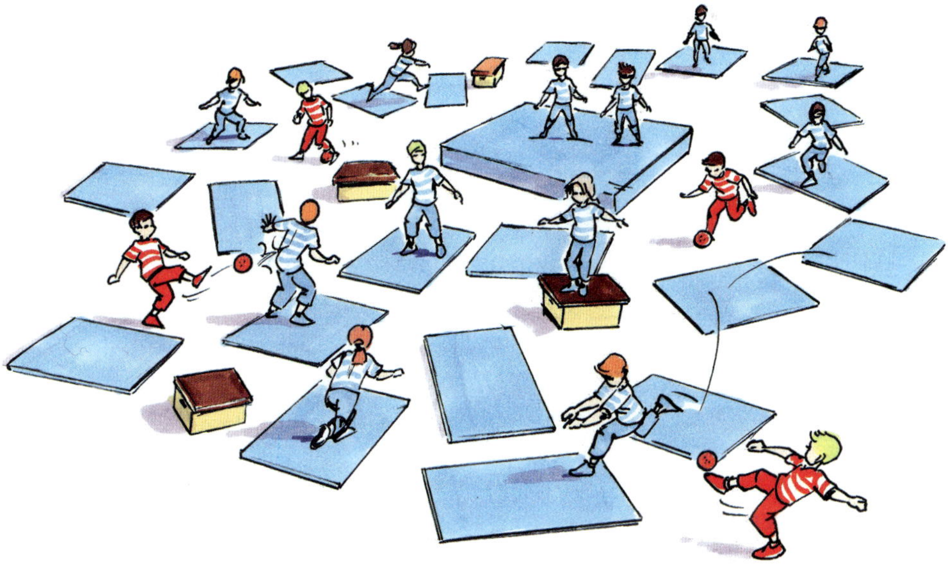

Wie lange?

beliebig

Softbälle, Bänder

2 Mannschaften einteilen und kennzeichnen. Einer Mannschaft Bälle zuteilen.

Alle Kinder einer Mannschaft beginnen mit dem Ball am Fuß die anderen abzuschießen. Wer getroffen wird, setzt sich an der Stelle auf den Boden. Getroffene können dann wieder am Spiel teilnehmen, wenn sie sitzend in Ballbesitz kommen. Danach erfolgt der Aufgabenwechsel. Wie lange dauert es, bis alle abgeschossen sind?

» Anzahl der Bälle verändern
» Spielfeldgröße variieren
» Nur Beintreffer zählen
» Der Ball darf bei Ballbesitz einem anderen sitzenden Kind weitergepasst werden

» Differenzierungsfähigkeit
» Orientierungsfähigkeit
» Reaktionsfähigkeit

» dribbeln
» passen

Rette sich wer kann?

beliebig

Bälle, 5 kleine Kästen

Jede(r) hat einen blauen und 3 Fänger einen roten Softball. 5 kleine Kästen gleichmäßig in der Halle verteilen.

Die Fänger versuchen mit dem Ball am Fuß einen anderen abzuschießen. Gelingt das, erfolgt ein Balltausch und Aufgabenwechsel. Auf das Signal „Rette sich wer kann" suchen sich alle Kinder – außer den Fängern – einen Platz auf einem Kasten. Auf jedem Kasten darf nur eine bestimmte Anzahl von Kindern sein. Es bleiben 4 oder 5 Kinder übrig. Die Fänger bekommen im Anschluss noch einmal 20 Sekunden Zeit, eines der Kinder abzuschießen, das keinen Platz gefunden hat. Wer am Ende einen roten Ball hat, beginnt das neue Spiel als Fänger.

» Die Kinder prellen den Ball und die Fänger werfen ab
» Anzahl der Fänger variieren
» Anzahl der Kinder auf den Kästen variieren
» Anzahl der kleinen Kästen variieren
» Signal erfolgt nach Musik „Stopp!"

» Differenzierungsfähigkeit
» Orientierungsfähigkeit
» Reaktionsfähigkeit

» dribbeln
» schießen
» prellen
» werfen

Karton treiben

beliebig

Rote und blaue Bälle, Bänder, Bananenkisten

Jede(r) hat einen Ball. Es gibt blaue und rote Bälle. Mit Hütchen Schusslinien markieren.

Zwei Mannschaften A und B stehen sich hinter Schusslinien gegenüber und versuchen mit dem Ball die Bananenkisten zu treffen. Sie schießen mit dem Fuß. Ein Tor ist erzielt, wenn ein Karton über die gegnerische Grundlinie geschossen wird.

» Der Ball wird gerollt
» Der blaue Ball wird mit dem Fuß geschossen, der rote Ball wird gerollt
» In der eigenen Hälfte befindet sich ein Störspieler der gegnerischen Mannschaft
» Abstand der Schusslinien zueinander variieren

» Differenzierungsfähigkeit
» Orientierungsfähigkeit

» schießen
» rollen

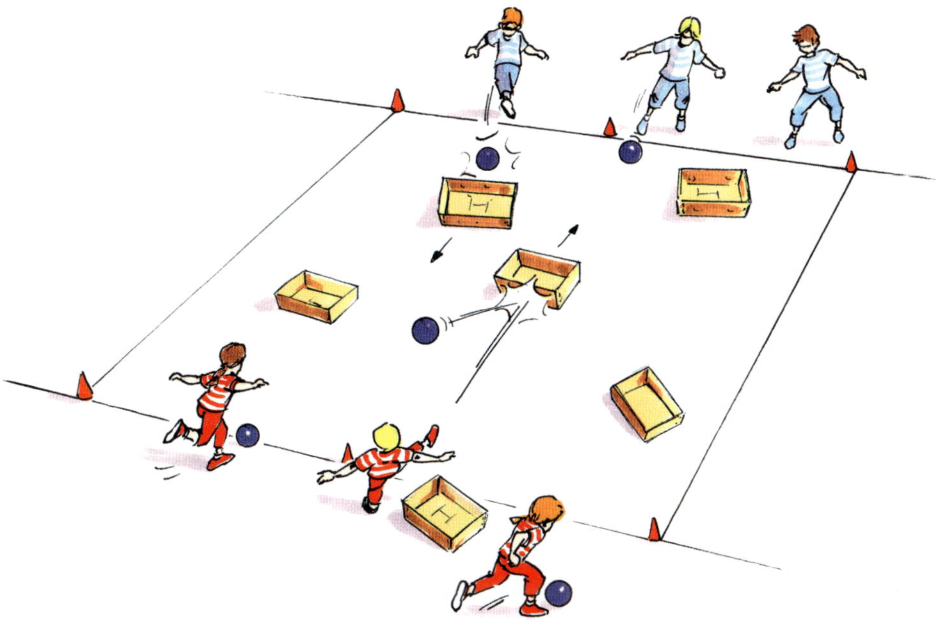

Schützenfest

beliebig

Bälle, viele Kegel, 2 Kisten Hütchen

Zwei Mannschaften bilden und kennzeichnen. Jede(r) hat einen Ball. Ein Feld markieren. Auf der Mittellinie des Feldes viele Kegel aufstellen.

Mannschaft A stellt sich an der einen Grundlinie des Volleyballfeldes auf, Mannschaft B gegenüber an der anderen Grundlinie.
Beide Mannschaften versuchen mit dem Fuß die Kegel umzuschießen. Jeweils 2 Torwarte können die Bälle des Gegners im Feld abblocken. Zwei Kinder spielen die Bälle aus dem Feld zu den Mitspielern hinter die Grundlinie. Umgeschossene Kegel werden von jeder Mannschaft sofort in einer Kiste gesammelt. Welche Mannschaft hat mehr Treffer erzielt?

» Ohne Torwarte
» Der Abstand zu den Kegeln variieren
» Der Ball wird gerollt oder geworfen
» Verschiedene Bälle

» Differenzierungsfähigkeit
» Orientierungsfähigkeit

» schießen
» rollen
» werfen

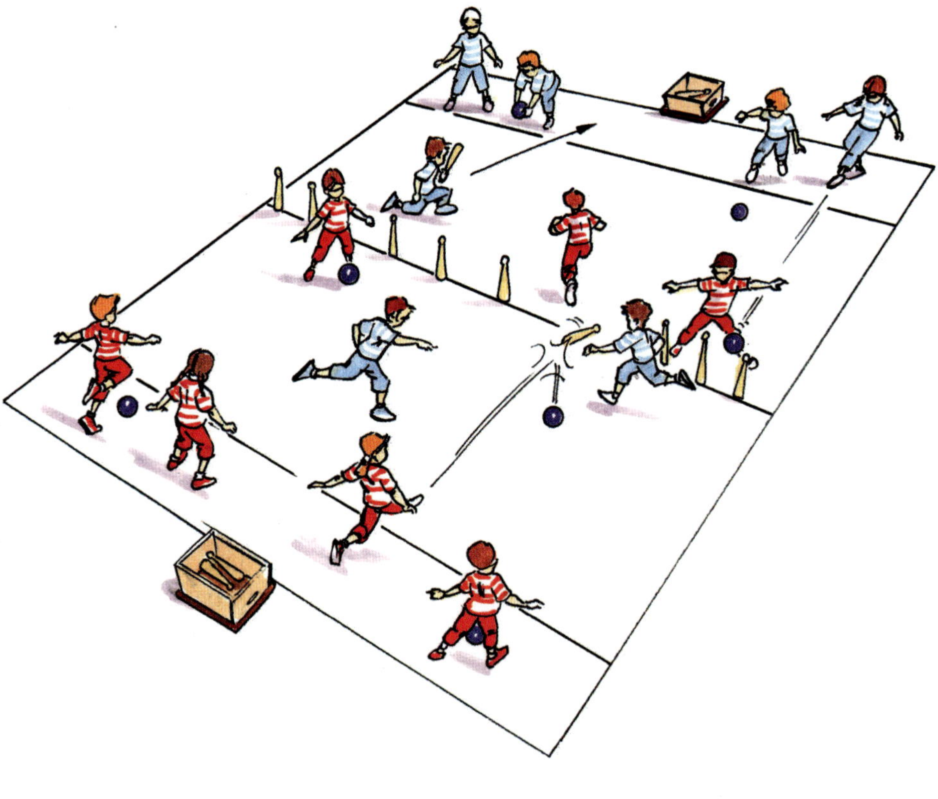

Goldraub

beliebig

Bälle, viele Kegel,
2 kleine Kästen, Bänder

Zwei Mannschaften A und B bilden und kennzeichnen. Viele Kegel gleichmäßig innerhalb des Volleyballfeldes verteilen.

Die Kinder von Mannschaft A dribbeln mit dem Ball am Fuß im Feld und versuchen dabei Kegel einzusammeln und in einem kleinen Kasten abzulegen. Der Ball darf nicht mit der Hand berührt werden! Die Kinder von B sitzen zwischen den Kegeln verteilt und versuchen sitzend Bälle zu klauen. Wird ein Kegel umgeschossen, wird dieser wieder aufgestellt. Wie viele Kegel wurden in 2 Minuten eingesammelt? Welche Mannschaft schafft es in einer kürzeren Zeit?

» Kegel befinden sich in einem Reifen, der nicht betreten werden darf!
» Kinder, die ihren Ball verloren haben, dürfen sich einen Ersatzball holen
» Wird ein Kegel umgeschossen, muss zuerst eine Zusatzaufgabe bewältigt werden (z. B. Strafrunde)

» Differenzierungsfähigkeit
» Orientierungsfähigkeit
» Reaktionsfähigkeit
» Gleichgewichtsfähigkeit

» dribbeln

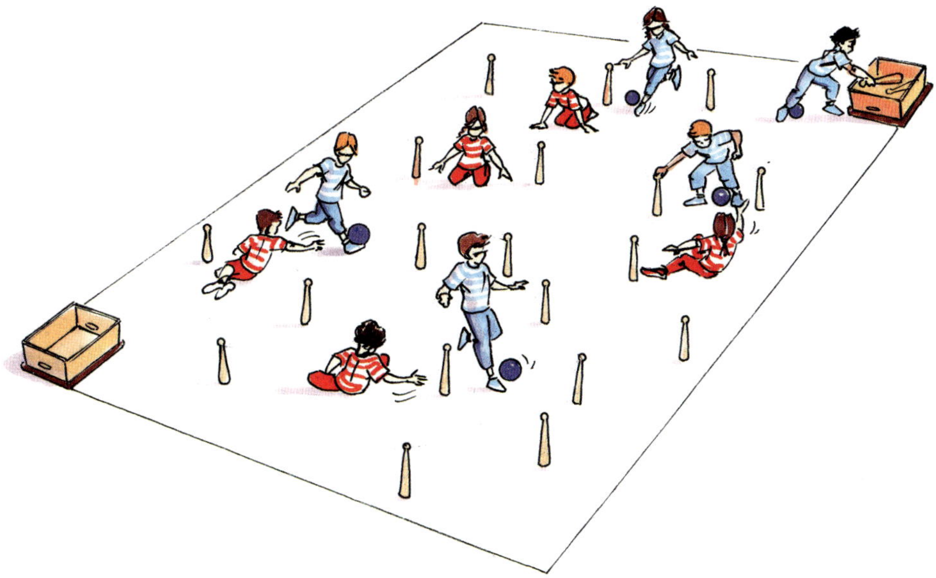

Abwerfen mit Erlösen

beliebig

Bälle, Bänder, Hütchen

In der Mitte der Halle wird mit Hütchen ein Quadrat markiert.
3 Schützen und 3 Erlöser kennzeichnen.

3 Schützen versuchen außerhalb des Quadrates alle Kinder abzuwerfen. Wer getroffen wurde, setzt sich auf den Boden. Im Quadrat befinden sich 3 „Erlöser“ mit Bällen. Sie werfen sitzenden Kindern einen Ball zu. Diese nehmen den Ball auf und werfen ihn wieder zum Erlöser zurück. Gelingt diese Aktion, dann sind sie wieder frei. Wer ist schneller, Schützen oder Erlöser?

» 4 oder 5 Schützen
» Die Erlöser spielen indirekte Pässe.
» Die sitzenden Kinder nehmen den Ball auf, prellen ihn zum Quadrat zurück und übergeben an den Erlöser

» Differenzierungsfähigkeit
» Orientierungsfähigkeit
» Reaktionsfähigkeit

» werfen und fangen
» prellen

Fußball-Fangen mit Erlösen

beliebig

Schaumstoffbälle, Bänder

3 Schützen mit einem Schaumstoffball und 1 Fänger ohne Ball kennzeichnen.

3 Schützen versuchen mit dem Ball am Fuß die anderen Kinder abzuschießen. Zusätzlich versucht 1 Fänger die Kinder mit der Hand abzuschlagen. Wer abgeschossen bzw. abgeschlagen wurde, setzt sich an dieser Stelle auf den Boden. Gelingt es einem dieser Kinder einen Ball aufzunehmen, darf dieser Ball unter den Sitzenden zugepasst werden und sie sind wieder frei.

» Das Kind steht auf und passt den Ball mit dem Fuß einem anderen zu
» Zusätzlich gibt es noch 2 Fänger, die mit der Hand abschlagen
» 4 oder 5 Schützen werfen ab

» Differenzierungsfähigkeit
» Orientierungsfähigkeit
» Reaktionsfähigkeit

» dribbeln
» schießen
» rollen
» werfen
» passen

Kettenfangen mit Erlösen

beliebig

Softbälle, Bänder, Bänke

Einen Fänger und 2 Schützen einteilen und kennzeichnen. In der Mitte der Halle wird mit 4 Bänken ein Quadrat mit Öffnungen an den Ecken aufgebaut.

Außerhalb des Quadrates beginnt ein Fänger mit Kettenfangen. Innerhalb des Quadrats befinden sich 2 Schützen mit Ball. Sie versuchen die Kinder abzuschießen, die sich im Quadrat aufhalten. Wer abgeschossen wird, setzt sich auf den Boden. Gelingt es einem Kind zweimal, ohne abgeschossen zu werden, durch das Quadrat zu laufen, hat es ein Leben mehr! (Es hängt sich ein Band um!) Wer hat nach 2 Minuten am meisten Bänder?

» 2 Fänger beginnen mit Kettenfangen.
» Die „Abgeschossenen" helfen den anderen Kindern, die durch das Quadrat laufen, indem sie versuchen die Würfe der Schützen in Torwartmanier abzublocken

» Differenzierungsfähigkeit
» Orientierungsfähigkeit
» Reaktionsfähigkeit

» werfen

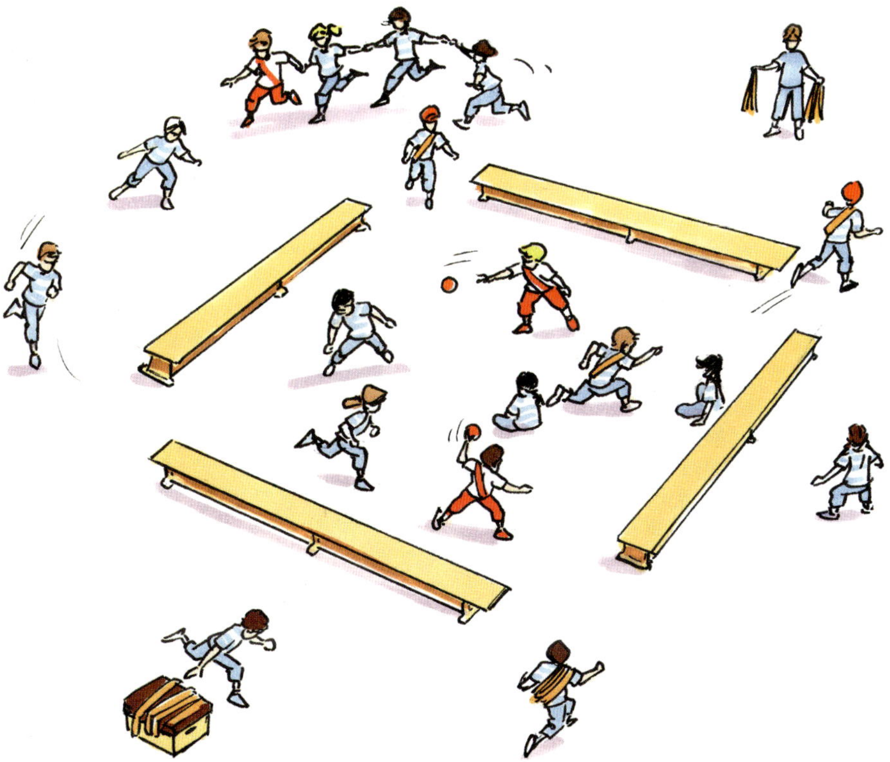

Der Riese schläft

beliebig

Matten, Softbälle
Hütchen

Einen Riesen bestimmen und in jeder Ecke eine Matte auslegen. Einen Kreis markieren.

Die Kinder befinden sich verteilt auf 4 Matten in den Ecken (Lager). Wenn es ganz leise ist, schläft der Riese ein. Sie können sich dann anschleichen und den Riesen etwas ärgern! Die Riesen liegen in der Mitte der Halle in einem Kreis. Der Lehrer kommentiert den Ablauf und gibt die Signale:

» „Der Riese schläft!"
» „Der Riese wacht auf!"

Der Riese hat einen Softball in der Hand, mit dem er abschießen kann. Wer abgeschossen ist, holt sich einen Softball und wird zum Helfer des Riesen. Wer am Ende übrig bleibt, wird der neue Riese.

» Nach dem Signal „Der Riese wacht auf" zeigt der Lehrer mit der Hand nach rechts oder links d. h. die Kinder können sich jeweils nur in die entsprechenden Lager retten
» Der Lehrer verändert die Tonlage und trickst die Kinder aus
» Die Bälle liegen auf einer Linie außerhalb des Kreises. Der Riese schießt mit dem Fuß

» Differenzierungsfähigkeit
» Orientierungsfähigkeit
» Reaktionsfähigkeit

» werfen
» schießen

Aufräumdienst

beliebig

Bälle, Ballwagen
Hütchen

Drei „Aufräumer" bestimmen und kennzeichnen. Ein Feld markieren.

Der Aufräumdienst (3 Kinder ohne Ball) versuchen von anderen Kindern, die den Ball in einem Feld am Fuß führen, Bälle zu erobern. Gelingt dies oder geht der Ball ins Aus, wird der Ball im Ballwagen abgelegt. Jedes Kind ohne Ball wird zum Helfer. Das Spiel geht so lange, bis alle Bälle weggeräumt sind. Wer kann den Ball am längsten verteidigen?

» Den Ball prellen
» Spiel auf Zeit
» Spielfeldgröße variieren
» Mit Körperkontakt, jedoch ohne Foulspiel

» Differenzierungsfähigkeit
» Orientierungsfähigkeit
» Reaktionsfähigkeit

» dribbeln
» prellen

Schwarzer Mann

beliebig

Bälle

Jede(r) einen Ball. Einen schwarzen Mann bestimmen.

Der Schwarze Mann steht an der einen Grundlinie (Wand). Gegenüber an der anderen Wand befinden sich alle anderen Kinder. Alle haben einen Ball. Der Schwarze Mann ruft „Wer hat Angst vom Schwarzen Mann?“ usw. Der Schwarze Mann versucht dann prellend ein anderes Kind abzuschlagen. Abgeschlagene Kinder helfen dem Schwarzen Mann. Das Spiel wird so lange gespielt, bis alle abgeschlagen sind bzw. bis nur noch 1 Kind übrig ist. Das wird dann der neue Schwarze Mann.

» Zu Beginn 2 Schwarze Männer
» Mit dem Ball am Fuß abschießen
» Verschiedene Bälle

» Differenzierungsfähigkeit
» Orientierungsfähigkeit
» Reaktionsfähigkeit
» Kopplungsfähigkeit

» prellen
» dribbeln
» schießen

Der Lehrer schreibt an die Wand

beliebig

Bälle

Jede(r) einen Ball. Einen Lehrer bestimmen.

Der Lehrer steht an der einen Wand, alle anderen stehen gegenüber an der anderen Wand. Alle haben einen Ball. Der Lehrer dreht sich zur Wand um und sagt seinen Spruch: „Der Lehrer schreibt an die Wand und dreht sich um!“. Währenddessen prellen alle Kinder so weit wie möglich, stoppen aber rechtzeitig und bleiben – ohne sich zu bewegen – stehen, bevor sich der Lehrer umdreht. Kinder, die sich bewegen bzw. ihren Ball nicht fest in den Händen halten, werden vom Lehrer zurückgeschickt. Wer als erstes an der Wand abschlägt, wird der neue Lehrer.

» Der Lehrer schickt nur Kinder zurück, die ihren Ball nicht festhalten
» Die Kinder führen den Ball am Fuß und stoppen ihn mit der Sohle

» Differenzierungsfähigkeit
» Orientierungsfähigkeit
» Reaktionsfähigkeit

» prellen
» dribbeln

Ausgetrickst

beliebig

Bälle, Bänder

Paare bilden und ein Paar für den Beginn bestimmen.

Die Kinder liegen in Zweierpaaren – alle mit 1 Softball – in der Halle verteilt auf dem Bauch. Zunächst wird ein Paar bestimmt, einer versucht den anderen abzuwerfen. Der Flüchtende kann sich retten, indem er sich neben ein anderes Paar legt. Das Kind, das gegenüber liegt, muss aufstehen und wird zum Fänger. Wird ein Kind getroffen bevor es sich retten kann, werden sofort die Rollen getauscht.

» Mit 2 oder 3 Paaren beginnen
» Das Kind gegenüber flüchtet
» Den Flüchtenden abkegeln
» Rückwärts durch die gegrätschten Beine abwerfen
» Ausgangspositionen verändern: Paare im Sitzen, auf dem Rücken usw.

» Differenzierungsfähigkeit
» Orientierungsfähigkeit
» Reaktionsfähigkeit
» Umstellungsfähigkeit

» werfen
» rollen

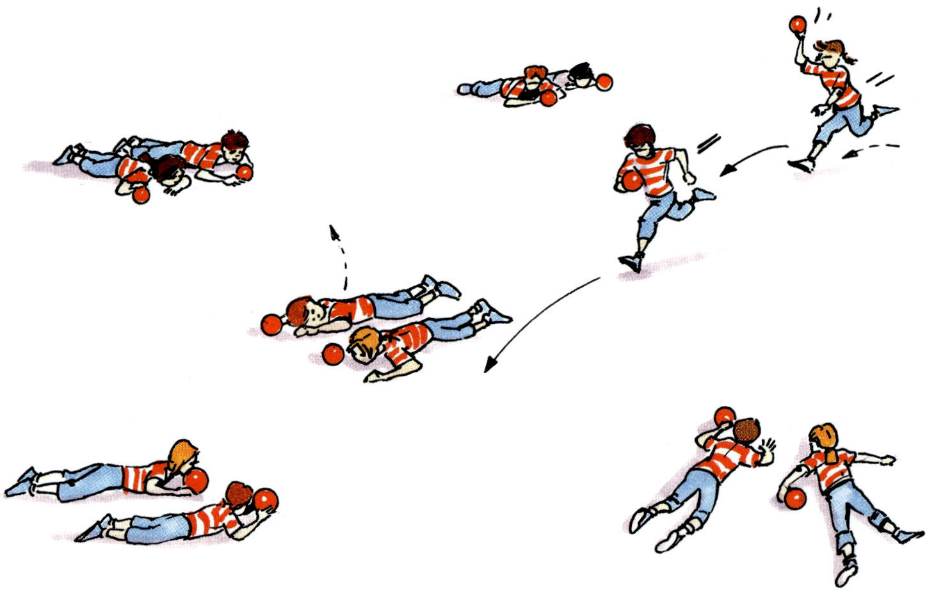

Mach die Kiste voll

beliebig

Viele, verschiedene Bälle, Kastenteil

1 Kind (Lehrer) als „Kistenleermacher" bestimmen.

Alle Kinder versuchen möglichst schnell die Bälle wieder in der Kiste abzulegen. „Der Kistenleermacher" wirft die Bälle in die Halle oder ins Feld zurück. Das Spiel ist dann beendet, wenn die Kiste leer ist. Wie viele Bälle sind nach 30 Sekunden noch in der Kiste?

» 2 Kisten voll machen
» Nach 1 oder 2 Minuten
» 2 Mannschaften gegeneinander
» Die Bälle zupassen oder zurollen

» Orientierungsfähigkeit
» Reaktionsfähigkeit

» werfen
» passen
» rollen

Die Krake kommt

» beliebig

» Bälle, Bänder

Jede(r) einen Ball. Fänger bestimmen und kennzeichnen.

Drei Kraken (Fänger) stehen an der einen Wand, die anderen Kinder stehen gegenüber an der anderen Wand. Alle haben einen Ball. Die Kraken rufen „Die Krake kommt!" Sie versuchen die anderen Kinder prellend mit der freien Hand abzuschlagen, während diese versuchen prellend die andere Wand zu erreichen. Wer abgeschlagen ist, setzt sich an der Stelle auf den Boden und fängt im Sitzen mit. Das Spiel wird so lange gespielt, bis entweder alle abgeschlagen sind oder noch 2 oder 3 Kinder übrig sind. Das sind dann die neuen Kraken.

» Den Ball am Fuß führen
» Zeitlimit für Kinder, die nicht schnell genug die andere Wand ansteuern

» Differenzierungsfähigkeit
» Orientierungsfähigkeit
» Reaktionsfähigkeit

» prellen
» dribbeln

Fliegender Pezziball

beliebig

Softbälle, Pezziball, Hütchen, Bänder

Zwei Gruppen bilden und kennzeichnen. Jede(r) hat einen Softball. Mit Hütchen einen Kreis mit 6 bis 8 m Durchmesser markieren.

Beide Gruppen – jede(r) mit Ball – verteilen sich außerhalb einer Halbkreislinie. Der Lehrer wirft den Pezziball in der Mitte hoch und entfernt sich sofort aus dem Kreis. Alle Kinder versuchen den Pezziball am höchsten Punkt zu treffen. Jeder Treffer = 1 Punkt für die Mannschaft. Welche Mannschaft hat nach 5 Versuchen mehr Treffer erzielt?

» Den Ball irgendwo in der Luft treffen
» Den Ball aus der Hand mit dem Fuß schießen
» Beide Mannschaften werfen abwechselnd
» Durchmesser des Kreises variieren

» Differenzierungsfähigkeit
» Reaktionsfähigkeit
» Orientierungsfähigkeit

» werfen
» schießen

Alle Neune

beliebig

Bälle, Bänder, Kegel

Drei Mannschaften bilden, kennzeichnen und ihren Positionen zuteilen. Jede(r) hat einen Ball. Jeweils im Abstand von ca. 10 m zur Gruppe rautenförmig 9 Kegel aufstellen.

Es werden drei Mannschaften gebildet, die sich an der Grundlinie aufstellen. Welche Mannschaft hat zuerst alle Kegel getroffen? Nachdem ein Kind gekegelt hat, holt es sofort seinen Ball und stellt sich wieder bei der Gruppe an.

» Abstand zur Wurflinie variieren
» Abstand der Kegel variieren
» Der Ball wird rückwärts durch die gegrätschten Beine geworfen
» Der Ball wird gepasst

» Differenzierungsfähigkeit
» Orientierungsfähigkeit

» rollen
» werfen
» passen

Ball unter der Schnur

beliebig

Bälle in zwei Farben (blau, rot), Zauberschnur, Bänder

Zwei Mannschaften bilden und kennzeichnen. Jede(r) hat einen Ball. Eine Zauberschnur (Bauband) wird quer in ca. 50 cm Höhe befestigt.

Zwei Mannschaften versuchen ihr Feld von Bällen freizuhalten, indem sie diese unter der Schnur ins andere Feld rollen. Welche Mannschaft hat nach Spielende weniger Bälle in der eigenen Spielhälfte?

» Verschiedene Bälle
» Mit dem Fuß
» Den roten Ball mit der Hand, den blauen mit dem Fuß spielen
» Feldgröße der Spielerzahl anpassen

» Differenzierungsfähigkeit
» Orientierungsfähigkeit

» rollen
» werfen
» passen

Reifendribbling

beliebig

Bälle, 4 Matten, Reifen in 4 Farben, Bänder

Vier Gruppen bilden, kennzeichnen und den Matten zuteilen. Jede(r) hat einen Ball. Die Reifen gleichmäßig in vier Farben verteilen.

Auf ein Signal dribbelt jeweils das erste Kind mit dem Ball am Fuß zu einem Reifen seiner Farbe und legt den Ball im Reifen ab, ohne die Hände zu verwenden. Danach läuft es schnell zurück und schlägt das zweite Kind ab. Welche Gruppe hat zuerst alle Bälle abgelegt?

» Die Bälle zurückholen! Das erste Kind läuft zu einem Reifen seiner Farbe, holt den Ball heraus und prellt ihn zur Gruppe zurück. Dort schlägt er den Nächsten ab.

» Differenzierungsfähigkeit
» Orientierungsfähigkeit
» Reaktionsfähigkeit

» prellen
» dribbeln

Würfelglück

beliebig

Viele, verschiedene Bälle, 4 kleine Kasten, Kastendeckel, Bänder, 4 Schaumstoffwürfel, 4 Matten

Vier Mannschaften bilden, kennzeichnen und den Matten zuteilen.

Von jeder Mannschaft beginnt jeweils ein Kind zu würfeln. Wird eine „1“ oder „6“, gewürfelt, dann darf ein Ball aus dem Balldepot (umgedrehter Kastendeckel) geholt werden. Dieser wird zur Gruppe geprellt und in einem Kastenteil abgelegt. Hat ein Kind die richtige Zahl gewürfelt, dann beginnt sofort das nächste Kind. Welche Gruppe sammelt am meisten Bälle?

» Spiel auf Zeit
» Bei „6“ dürfen alle Kinder der Gruppe zum Balldepot
» Den Lederball am Fuß führen, den Basketball prellen und den Gymnastikball rollen

» Differenzierungsfähigkeit
» Orientierungsfähigkeit
» Reaktionsfähigkeit

» prellen
» dribbeln
» rollen

Passkönig

beliebig

Bälle, Hütchen

Mit Hütchen in der Mitte der Halle eine 3 m breite Passzone kennzeichnen. Ca. 9 m entfernt auf beiden Seiten jeweils drei 2 m breite Hütchentore aufbauen.

Alle Kinder versuchen von der Passzone aus Punkte zu erzielen. Ein Punkt ist dann erzielt, wenn es gelingt mit dem Fuß durch ein Hütchentor zu passen. Nach dem Pass holt jede(r) schnell den Ball und versucht an einem anderen Tor zu treffen. Der Passweg darf beim Ballholen nicht versperrt werden. Der Ball bleibt am Boden. Wer hat nach 2 Minuten am meisten Punkte geschafft?

» Der Ball wird gerollt
» Als Schlagwurf
» Es muss nacheinander an jedem Hütchentor ein Punkt erzielt werden.

» Differenzierungsfähigkeit

» prellen
» dribbeln
» werfen

Wie lange für 10 Pässe?

6 bis 12

Bälle, Hütchen, Bänke

Mit Hütchen eine 3 m breite Passzone kennzeichnen und jeweils 6 m entfernt rechts und links von der Passzone für jeden Spieler zwei Bänke umgekippt aufstellen. A spielt gegen Bank 1 und 2, B gegen Bank 3 und 4 und C gegen Bank 5 und 6 usw. Pausierende Kinder zählen.

A, B und C stellen sich in der Passzone auf. Auf ein Startzeichen passen sie die Bälle mit dem Fuß abwechselnd gegen die Bänke. Der Ball darf nur in der Passzone gespielt werden. Wird der Ball zu schwach gespielt, darf er in die Passzone geholt werden. Wer braucht am wenigsten Zeit für 10 Pässe?

» Mit Partner im Wechsel.
» Nur mit links oder nur mit rechts.
» Wie lange für 15 oder 20 Pässe?
» Unterschiedliche Bälle.
» Abstand zur Passzone variieren.
» Breite der Passzone variieren.
» Turnier – jeder gegen jeden

» Differenzierungsfähigkeit
» Orientierungsfähigkeit

» passen

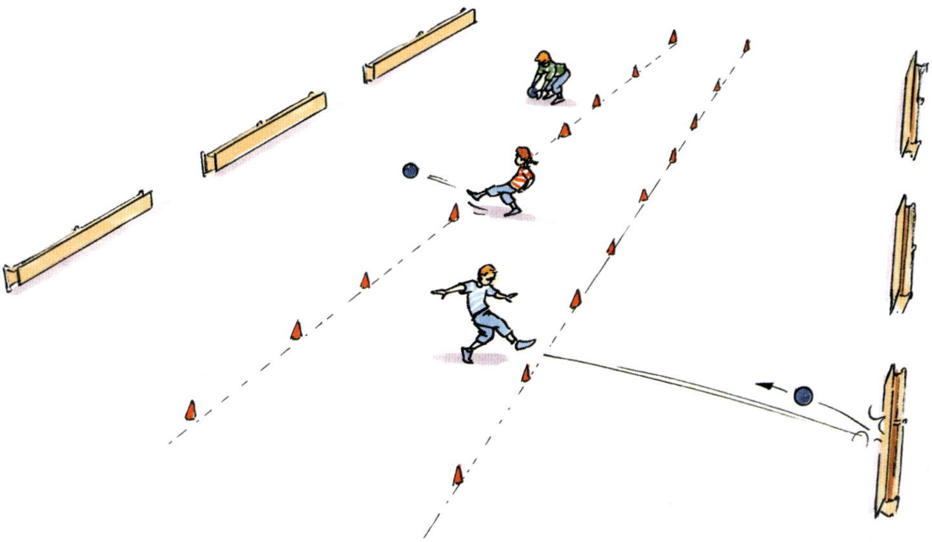

Kreisball

beliebig

2 Bälle, Hütchen, Bänder

2 Mannschaften bilden, kennzeichnen und den Kreisen zuteilen. Mit Hütchen zwei gleich große Kreise markieren.

Auf ein Signal wird der Ball per Druckpass von Spieler zu Spieler geworfen. Gewonnen hat die Mannschaft, bei der sich der Ball nach 2 oder 3 Runden wieder am Ausgangsort befindet.

» Kreisgröße und Abstände zueinander variieren
» Der Ball wird mit dem Fuß gepasst oder indirekt gespielt
» Es wird immer 2 vor und 1 zurück gepasst
» Die Mannschaften abwechselnd in einem Kreis aufstellen. Welcher Ball kann den anderen überholen?
» Wie zuvor: Den gegnerischen Pass abfangen

» Differenzierungsfähigkeit
» Orientierungsfähigkeit
» Reaktionsfähigkeit

» werfen
» passen
» rollen

Takeshi

beliebig

Bänke, Bälle
Hütchen

Zwei Mannschaften A und B bilden und kennzeichnen. Jede(r) von der werfenden Mannschaft hat mindestens einen Softball. Zwei Wurflinien mit Hütchen markieren.

Die Kinder der Mannschaft A laufen nacheinander über umgedrehte Bänke. Mannschaft B (ca. 5 m entfernt hinter den Wurflinien verteilt) versucht die balancierenden Kinder dabei mit Softbällen zu treffen und aus dem Gleichgewicht zu bringen. Es darf nur hinter den Wurflinien geschossen werden. Berührt ein balancierendes Kind den Boden = Punkt für die werfende Mannschaft. Welche Mannschaft erzielt mehr Punkte?

» Rückwärts balancieren
» Mit geschlossenen Augen balancieren
» Abstand der Wurflinien variieren

» Differenzierungsfähigkeit
» Gleichgewichtsfähigkeit

» werfen

Flinke Indianer

beliebig

Softbälle, Hütchen, 3 Kästen Bänke

Zwei Mannschaften A und B bilden und kennzeichnen. 3 Kästen im Abstand von 4 m vor der Hallenwand aufstellen.

Mannschaft A versucht entlang der Wand von der Grund- zur Ziellinie zu kommen, ohne abgeschossen zu werden. Mannschaft B befindet sich gegenüber (ca. 5 m entfernt) hinter Bänken und versucht die Indianer abzuschießen. Diese haben 20 Sekunden Zeit die Ziellinie zu erreichen. Die Kästen bieten dabei Schutz. Nach 2 (4) Durchgängen wird gewechselt. Jeder erfolgreiche Versuch = 1 Punkt! Welche Gruppe sammelt mehr Punkte?

» Die Kinder schießen mit dem Fuß ab
» So viele Durchgänge, bis alle abgeschossen sind
» Jedes Kind hat 3 Punkte Startkapital. Bei jedem Treffer wird ein Punkt abgezogen. Wer ist am längsten im Spiel?

» Differenzierungsfähigkeit
» Orientierungsfähigkeit
» Reaktionsfähigkeit

» werfen
» schießen

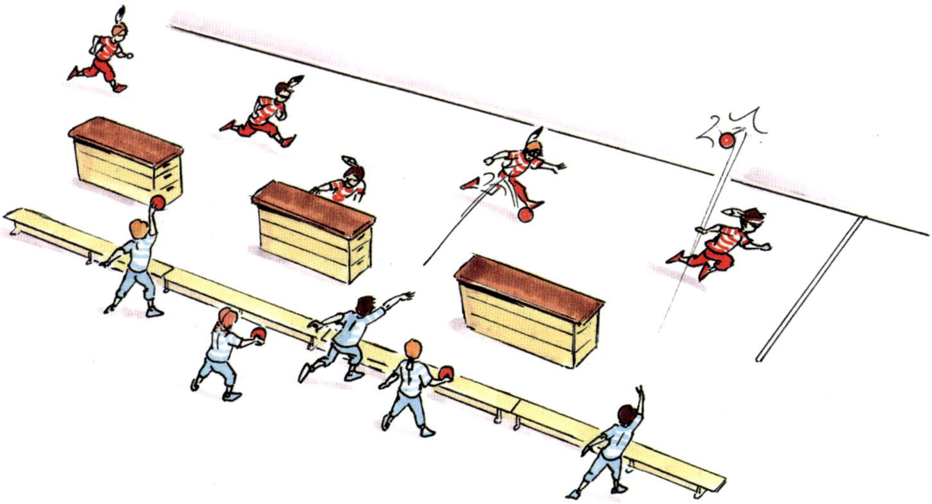

Spielideen zur Verbesserung der Ballfertigkeiten und der koordinativen Fähigkeiten

Die große Bedeutung der koordinativen Fähigkeiten für die Entwicklung der Kinder und Jugendlichen ist heute unbestritten. Dies gilt nicht nur für den sportlichen Bereich, sondern ebenso für die kognitive Entwicklung, was viele neuere Untersuchungen eindrucksvoll belegen.

Im Alltag sind die koordinativen Fähigkeiten in all jenen Situationen unersetzlich, die ein besonders schnelles und zielgerichtetes Handeln notwendig machen, um Stürze, Kollisionen oder sonstige Unfälle im Sport und/oder täglichen Leben zu vermeiden. Deshalb stellen sie auch eine Art „natürliche Lebensversicherung" bzw. eine grundlegende Lebensvoraussetzung dar.

Bei Ballsportlern zeigen sich die Vorteile darin, dass diese

- die Bewegungsabläufe jederzeit steuern und kontrollieren,
- ihr Sportgerät in den gesamten Technikablauf mit einbeziehen,
- in unvermutet eintretenden Situationen schnell und zielgerichtet reagieren,
- den Rhythmus spielend wechseln und Bewegungen auch rhythmisch akzentuiert setzen,
- neue Technikvarianten mit Leichtigkeit erwerben, anwenden und gestalten,
- sich schnell umstellen und umlernen,
- verschiedene Technikformen situationsangepasst kombinieren und variieren,
- sich ästhetischer und elegant-ökonomischer bewegen,
- bereits beherrschte Bewegungsabläufe mühelos vervollkommnen.

Haben die Kinder zu Beginn der 3. Klasse im Umgang mit dem Ball ein gutes Niveau erreicht, können die folgenden Spielideen komplexer gestaltet und der Schwerpunkt überwiegend auf die Verbesserung der koordinativen Fähigkeiten gelegt werden. Abwurfspiele, Orientierungsspiele, Reaktionsspiele, aber auch interessante Kooperationsspiele sind in diesem Kapitel die Schwerpunkte. Dabei gewinnen die koordinativen Fähigkeiten wie Rhythmusfähigkeit, Gleichgewichtsfähigkeit, Umstellungsfähigkeit und Kopplungsfähigkeit an Bedeutung.

Sanitäterfangen

beliebig

Softbälle, Bänder

Schützen und Sanitäter einteilen und kennzeichnen.

5 Schützen mit Ball versuchen alle anderen Kinder so schnell wie möglich abzuschießen. Wer getroffen ist, legt sich an der Stelle auf den Rücken. 4 Sanitäter (einzeln oder 2 Paare) retten die Verletzten, indem sie die Kinder in Rückenlage an den Füßen zur nächsten Wand ziehen. Beim Retten darf nicht abgeschossen werden. Gelingt es den Schützen alle abzuschießen?

» Anzahl der Schützen und Sanitäter variieren
» Mit dem Fuß abschießen oder abkegeln
» Beim Retten an die entfernteste Wand ziehen

» Differenzierungsfähigkeit
» Orientierungsfähigkeit
» Reaktionsfähigkeit

» werfen
» schießen
» rollen

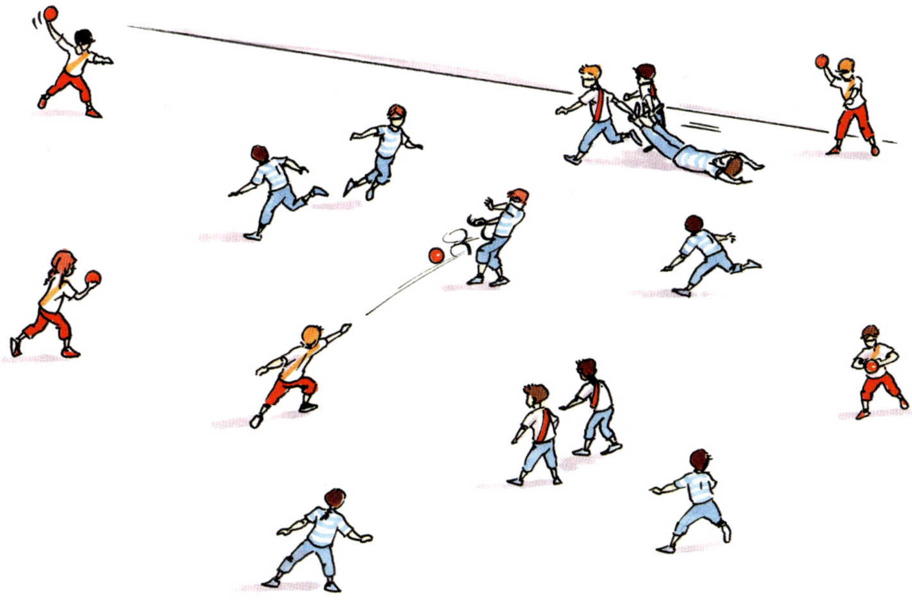

Vier-Farbenspiel

beliebig

Bälle, Bänder

4 Mannschaften bilden und durch Bänder kennzeichnen. Jedes Kind hat 1 Ball.

Alle Kinder prellen den Ball in der Halle. Auf ein Signal, z. B. „Rot“, werden die Kinder mit roten Bändern zu Fängern und versuchen so schnell wie möglich, alle anderen abzutupfen. Danach prellen alle wieder und warten auf das neue Signal. Welche Mannschaft ist am schnellsten?

» Die anderen Kinder abwerfen oder abkegeln
» Den Ball am Fuß führen und andere abschießen
» Prellend abschlagen
» Das Feld begrenzen

» Differenzierungsfähigkeit
» Orientierungsfähigkeit
» Reaktionsfähigkeit

» prellen
» rollen
» dribbeln
» schießen
» werfen

Länderspiel

beliebig

Softbälle, Bänke (oder Hütchen), Bänder

2 Mannschaften bilden, kennzeichnen und ihrem Feld zuteilen. Das Spielfeld in der Mitte durch Bänke teilen. Jede Gruppe bekommt zu Beginn 5 Softbälle.

Zwei Mannschaften A und B kämpfen gegeneinander. A in der einen Hälfte und B in der anderen, getrennt durch eine Landesgrenze. Beide Mannschaften versuchen auf der anderen Seite Spieler abzuschießen. Wird ein Spieler getroffen, legt er sich im eigenen Feld auf den Rücken vor die Bank (Krankenhaus). Er kann gerettet werden, wenn ihn ein Mitspieler an den Füßen an die hintere Wand (oder Begrenzungslinie) zieht. Das Spiel ist aus, wenn auf einer Seite alle abgeschossen sind oder wenn eine Mannschaft nach einer bestimmten Zeit weniger abgeschossene Spieler hat.

» Wird ein Spieler gerettet, zählen die Treffer nicht
» Treffer bei jeder Ballberührung
» Anzahl der Bälle und Feldgröße variieren
» Es ist erlaubt – ohne abgeschlagen zu werden – über die Bänke zu springen und auf der anderen Seite Bälle zu klauen

» Differenzierungsfähigkeit
» Orientierungsfähigkeit
» Reaktionsfähigkeit

» werfen und fangen

Völkerball verkehrt

beliebig

3 Softbälle, Hütchen

Zwei Mannschaften mit 3 Außenmännern bilden, kennzeichnen und den Feldern zuteilen. Das Volleyballfeld oder zwei Felder mit Hütchen markieren.

Mannschaft A und Mannschaft B versuchen sich im Zusammenspiel mit 2 Schaumstoffbällen gegenseitig abzuschießen. Wer im Feld getroffen wird, wird zum Außenmann. Trifft ein Außenmann einen gegnerischen Spieler im Feld, darf er wieder ins Feld zurück. Welche Mannschaft hat zuerst alle abgeschossen? Fängt ein Spieler den Ball, darf er weiterspielen.

» Die Außenmänner schießen mit dem Fuß ab
» 4 oder 5 Außenmänner zu Beginn
» Mit 1 oder 3 Bällen

» Differenzierungsfähigkeit
» Orientierungsfähigkeit
» Reaktionsfähigkeit

» werfen und fangen
» schießen
» rollen

Die Schutzmauer fällt

beliebig

3 Softbälle, Hütchen,
2 Matten

Zwei Mannschaften mit 3 Außenmännern bilden, kennzeichnen und den Feldern zuteilen. Das Volleyballfeld oder zwei Felder mit Hütchen markieren.

Zwei Mannschaften A und B versuchen sich im Zusammenspiel mit 2 Schaumstoffbällen gegenseitig abzuschießen. Wer im Feld getroffen wird, wird zum Außenmann. Trifft ein Außenmann einen gegnerischen Spieler im Feld, darf er wieder ins Feld zurück. Fängt ein Spieler den Ball, darf er weiterspielen. Die Kinder von beiden Mannschaften, können sich hinter einer stehenden Matte schützen. Welche Matte fällt zuerst?

» Kleine Matten
» Nur bestimmte Kinder halten die Matte
» 4 oder 5 Außenmänner zu Beginn
» Feldgröße der Leistungsstärke der Kinder anpassen
» Mit 1 oder 3 Bällen

» Differenzierungsfähigkeit
» Orientierungsfähigkeit
» Reaktionsfähigkeit

» werfen und fangen

Zehn-Punkte-König

beliebig

Softbälle, Hütchen

Jedes Kind 1 Ball. Mit Hütchen in der Mitte den Kreis markieren.

Zu Spielbeginn sitzen die Kinder – jedes Kind mit Ball – in einem Kreis. Auf ein Signal verteilen sich die Kinder in der Halle und versuchen so viel wie möglich andere zu treffen. Welches Kind hat zuerst 10 Punkte beim Abwerfen erzielt? Jeder kann jeden abwerfen. Treffer sind nur außerhalb des Kreises gültig und es darf kein Kind zweimal nacheinander abgeworfen werden. Jedes Mal wenn man getroffen wird, verliert man einen Punkt. Die ersten 5 Kinder sind Punkte-König.

» Wer hat zuerst 5 Punkte?
» 10-mal ein anderes Kind abtupfen, abkegeln oder mit dem Fuß abschießen
» Per Volleyballabschlag
» Selbst hochwerfen und abköpfen
» Wer hat am meisten Treffer in 30 Sekunden?

» Differenzierungsfähigkeit
» Orientierungsfähigkeit
» Reaktionsfähigkeit

» rollen
» schießen
» köpfen
» werfen
» schlagen

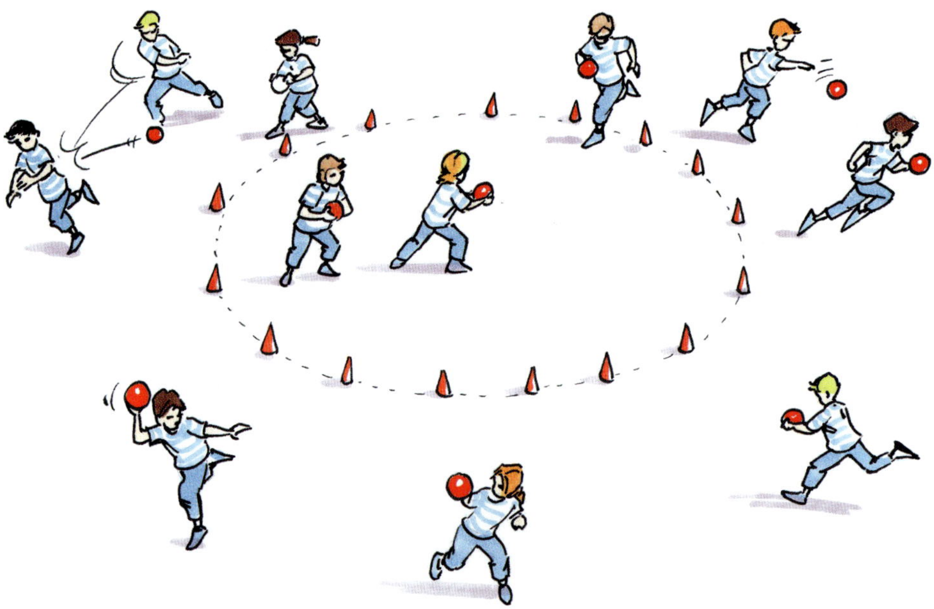

Mr. X

beliebig

3 Softbälle, Hütchen

Zwei Mannschaften mit 3 Außenmännern bilden, kennzeichnen und den Feldern zuteilen. Das Volleyballfeld oder zwei Felder mit Hütchen markieren.

Zwei Mannschaften A und B versuchen sich im Zusammenspiel mit 2 Schaumstoffbällen gegenseitig abzuschießen. Wer im Feld getroffen wird, wird zum Außenmann. Trifft ein Außenmann einen gegnerischen Spieler im Feld, darf er wieder ins Feld zurück. Fängt ein Spieler den Ball, darf er weiterspielen. Jede Mannschaft wählt einen geheimen Mr. X aus, der vor den Würfen der Gegenmannschaft geschützt werden muss. Wird Mr. .X abgeworfen, endet das Spiel.

» 2 oder 3 Mr. X
» Es wird mit 2 oder 3 Bällen gespielt
» Mr. X hat 2 Leben
» 4 oder 5 Außenmänner zu Beginn
» Feldgröße der Leistungsstärke der Kinder anpassen

» Differenzierungsfähigkeit
» Orientierungsfähigkeit
» Reaktionsfähigkeit

» werfen und fangen

Unter Beschuss

beliebig

Softbälle, Hütchen, Bänder

Zwei Mannschaften einteilen und kennzeichnen. Mit Hütchen ein Feld markieren.

Mannschaft A beginnt mit 2 Bällen außerhalb des Feldes und versucht im Zusammenspiel Kinder von Mannschaft B im Feld abzuwerfen. Abgeworfene Kinder setzen sich dort auf den Boden und geben den anderen Schutz. Fängt ein Kind den Ball, legt es den Ball ab und bekommt ein Leben dazu. Sind alle getroffen, wechselt die Aufgabe.

» Mit 2 Bällen und 2 Leben für jedes Kind
» Mit 3 Bällen und 2 Leben für jedes Kind
» Feldgröße der Anzahl der Kinder anpassen

» Differenzierungsfähigkeit
» Orientierungsfähigkeit
» Reaktionsfähigkeit

» werfen und fangen
» schießen
» rollen

Kegeljagd

beliebig

Bälle, 4 Matten, viele Kegel

Jeder hat 1 Ball. 4 Mannschaften bilden, kennzeichnen und den Matten in den Ecken zuteilen. In der Halle viele Kegel verteilen.

Die Mannschaften befinden sich auf den Matten und nummerieren innerhalb der Mannschaft durch. Auf ein Signal beginnt die Nummer1 von jeder Gruppe, dribbelt mit dem Ball am Fuß ins Feld und versucht dabei einen Kegel aufzunehmen und zurückzudribbeln. Der Kegel wird dort abgelegt. Danach beginnt Nummer 2 usw. Fällt der Kegel um oder wird beim Dribbeln ein anderer Kegel umgeschossen, wird dieser wieder aufgestellt, ohne Kegel zurückgelaufen und die nächste Nummer abgeschlagen. Welche Mannschaft sammelt am meisten Kegel?

» 2 Kinder starten gleichzeitig
» Die ganze Gruppe startet gleichzeitig
» Die Kegel befinden sich in der Mitte eines Reifens, der nicht betreten werden darf

» Differenzierungsfähigkeit
» Orientierungsfähigkeit
» Reaktionsfähigkeit
» Kopplungsfähigkeit

» dribbeln
» prellen

Hütchensuche

beliebig

Unterschiedliche Bälle, Hütchen, Bänder

Zwei Mannschaften bilden und kennzeichnen. Jede(r) hat einen Ball. Zwei Felder mit so vielen Hütchen markieren, wie die Anzahl der Kinder in den Mannschaften beträgt.

Zwei Mannschaften A (gelb) und B (rot) dribbeln mit dem Ball am Fuß in ihrem Feld. Auf ein Signal stoppen sie den Ball mit der Sohle und suchen ohne Ball ein freies Hütchen auf den Grundlinien des Vierecks. Welche Mannschaft ist zuerst an den Hütchen? Bei welcher Mannschaft sind die Bälle besser verteilt?

» Die Kinder nehmen bestimmte Positionen an den Hütchen auf den Grundlinien ein (Schneidersitz, Bauchlage, Rückenlage etc.)
» Bevor die Kinder einen Platz an der Grundlinie einnehmen, müssen sie eine andere Aufgabe erfüllen

» Differenzierungsfähigkeit
» Orientierungsfähigkeit
» Reaktionsfähigkeit
» Kopplungsfähigkeit

» prellen
» dribbeln
» rollen

Rechtzeitig zur Stelle

beliebig

2 Bälle, Hütchen

Einen Kreis mit 8 Hütchen markieren. Der Abstand zueinander ist gleich und beträgt ca. 10 m. Acht Kinder stellen sich an den Hütchen auf.

Die Spieler rollen sich zwei Bälle von Spieler zu Spieler zu. Spieler A und diagonal gegenüber Spieler E beginnen. A rollt zu B, B zu C, C zu D etc. E rollt den anderen Ball zu F, F zu G, G zu H, H zu A etc. Nach dem Pass wechseln A und E, B und F, C und G, D und H die Positionen. Das Ziel ist, immer rechtzeitig an der anderen Position zu sein, damit der Ablauf nicht stockt. Welche Gruppe schafft am meisten Zuspiele?

» Zuspiele außen: als Druckpass, indirekt, mit dem Fuß aus der Hand, pritschen usw.
» Immer mit einem zweiten Ball am Fuß dribbelnd oder prellend die Positionen wechseln
» 6er, 10er, 12er-Gruppen usw.

» Differenzierungsfähigkeit
» Orientierungsfähigkeit
» Reaktionsfähigkeit
» Rhythmusfähigkeit
» Umstellungsfähigkeit
» Kopplungsfähigkeit

» passen
» rollen
» werfen und fangen

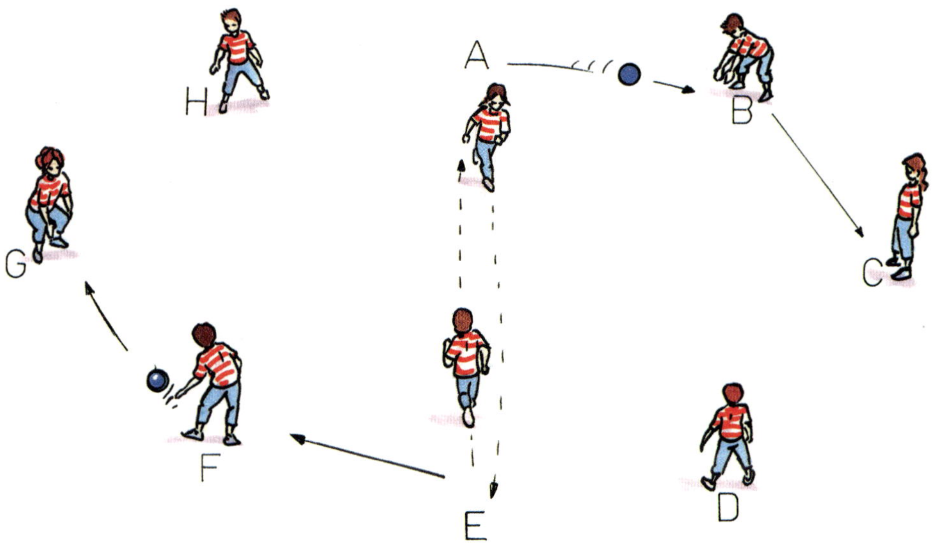

Eckplatz erobern

beliebig

Bälle, Hütchen

Fünfergruppen bilden. Jede(r) hat einen Ball im Viereck. Felder markieren. Feldgröße: 6 x 6 m.

Vier Kinder besetzen mit dem Ball am Fuß einen Eckpunkt. Ein fünftes Kind befindet sich – ebenfalls mit dem Ball am Fuß – in der Mitte des Vierecks. Auf ein Signal versucht jedes Kind einen neuen Eckplatz zu erobern. Der Spieler in der Mitte beobachtet die Äußeren und reagiert entsprechend. Jedes Kind startet mit 5 Punkten Bonus. Wer keinen Eckplatz erobert, bekommt einen Punkt Abzug. Wer hat nach 2 Minuten die meisten Punkte?

» Kreisform (8 Positionen außen) oder Rechteck (6 Positionen außen)
» Der Ball wird gerollt oder geprellt
» 3 Punkte Startkapital
» Das Kind im Feld gibt das Signal

» Differenzierungsfähigkeit
» Orientierungsfähigkeit
» Reaktionsfähigkeit

» prellen
» rollen
» dribbeln

Sicheres Land

beliebig

Bälle, Bänder, 4 rote Softbälle, Bänke

Jede(r) hat einen Ball. 4 Schützen mit roten Softbällen kennzeichnen. In der Mitte 2 Bänke aufstellen.

Die Halle wird in der Mitte sichtbar durch 2 Bänke getrennt. In jeder Hallenhälfte befinden sich 2 Schützen mit roten Bällen, die jeweils nur in ihrer Hälfte mit dem Fuß abschießen dürfen. Landet der Ball in der anderen Hälfte, müssen sie ihn schnell zurückholen. Die anderen Kinder führen ebenfalls Bälle mit anderen Farben am Fuß und beobachten genau, in welcher Hälfte gerade weniger Gefahr besteht. Sie können an den Bänken vorbei die Hallenhälften wechseln! Wer abgeschossen wird, holt sich einen roten Ball und wird ebenfalls Schütze! Wer ist nach 2 Minuten noch im Spiel?

» Wer abgeschossen wird, setzt sich an dieser Stelle auf den Boden und versucht Bälle zu klauen!
» Jedes Kind hat 2 Leben
» Es werden zusätzlich Hindernisse eingebaut
» Die Schützen werfen ab und die anderen Kinder prellen den Ball

» Differenzierungsfähigkeit
» Orientierungsfähigkeit
» Reaktionsfähigkeit
» Kopplungsfähigkeit

» dribbeln
» schießen
» werfen

Aus der Gefahrenzone

beliebig

4 Softbälle, 4 Matten, Bänder

4 Matten in den Eckbereichen auslegen und 4 Schützen mit Ball zuordnen. Zudem 2 Kettenfänger bestimmen und kennzeichnen.

2 Kettenfänger versuchen andere zu fangen und an die Kette zu nehmen. Zusätzlich versuchen 4 Schützen von den Matten aus abzuwerfen. Die Schützen dürfen nur von den Matten aus werfen. Getroffene Kinder setzen sich auf den Boden und fangen im Sitzen mit. Nach einem Fehlschuss – wenn der Schütze den Ball holt – ist dort der sicherste Platz. Das Spiel dauert so lange, bis noch ein paar Kinder übrig sind. Die Sieger werden zu neuen Schützen.

» Das Spiel beginnt mit 1 Kettenfänger
» Die Kettenfänger teilen immer in Paare
» Abgeworfene Kinder gehen an die Kette
» Je nach Hallengröße mehr oder weniger Schützen
» Die Sieger erhalten 1 Punkt

» Differenzierungsfähigkeit
» Orientierungsfähigkeit
» Reaktionsfähigkeit

» werfen

Schwingende Seile

beliebig

Bälle, Hütchen,
2 oder 3 Seile

Jedes Kind hat 1 Ball. Seilschwinger einteilen. Mit Hütchen eine Start- und Ziellinie kennzeichnen.

Die Kinder versuchen nacheinander prellend von der Startlinie aus durch die schwingenden Seile zu kommen. Wird ein Kind dabei berührt, verliert es 1 Leben. Jedes Kind hat 2 Leben. Wer ist am Ende noch übrig?

» 3 Schwungseile
» Vorübung ohne Ball
» Mit dem Ball am Fuß durch die Seile
» Paarweise durch die Seile dribbeln oder prellen
» Abstand der Seile variieren

» Differenzierungsfähigkeit
» Orientierungsfähigkeit
» Reaktionsfähigkeit
» Rhythmusfähigkeit
» Kopplungsfähigkeit

» prellen
» dribbeln

Sicheres Feld

beliebig

Softbälle, Bänke, Bänder

4 Schützen kennzeichnen und den Feldern zuteilen. Drei Schützen haben 1 Ball. Bänke aufstellen.

Die Halle wird durch Bänke sichtbar in 4 Felder aufgeteilt. In jedem Feld befindet sich ein Schütze. Drei von ihnen sind immer in Ballbesitz und können andere nur in ihren Feldern abwerfen. Die Kinder – ohne Ball – können beliebig die Felder wechseln. Sie orientieren sich am „Sicheren Feld“. Die Schützen können sich untereinander die Bälle zuspielen. Fliegt ein Ball aus dem Feld, holt ihn der Schütze und läuft schnell zurück in sein Feld. Wer abgeschossen ist, setzt sich auf den Boden. Man kommt wieder frei, wenn ein Fehlschuss berührt wird.

» Nur 2 Schützen mit Ball
» Die Halle wird in 3 Felder eingeteilt
» Fehlschüsse können aufgenommen und weitergepasst werden
» Jedes Kind hat 2 Leben
» Zusätzlich noch 2 Kettenfänger

» Differenzierungsfähigkeit
» Orientierungsfähigkeit
» Reaktionsfähigkeit
» Umstellungsfähigkeit

» werfen und fangen

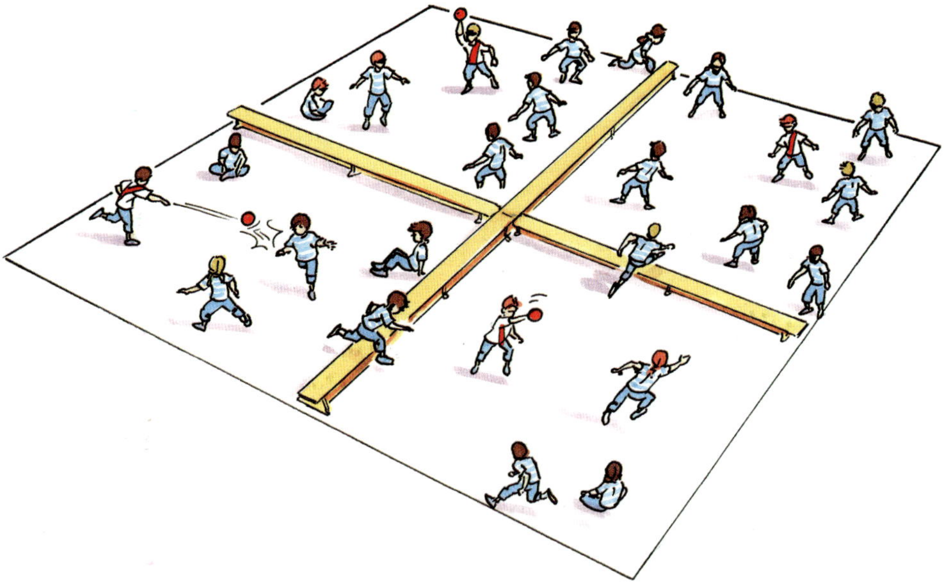

Kegelmeister

beliebig

Softbälle, Hütchen

2 Mannschaften einteilen und kennzeichnen. Mit Hütchen ein Feld markieren.

Mannschaft A stellt sich an der Grundlinie des Feldes auf, die Kinder von B verteilen sich gleichmäßig mit jeweils 2 Bällen auf den Seitenlinien. Die Kinder von A starten mit einem Punktepolster von 3 Punkten. Sie versuchen, ohne getroffen zu werden, die andere Grundseite zu erreichen. Bei jedem erfolglosen Versuch wird ein Punkt abgezogen. Bei 0 Punkten sind sie aus dem Spiel. Wie viel erfolgreiche Versuche schafft der beste der Mannschaft? Sind alle abgekegelt, ist Aufgabenwechsel. Die Kegelmeister dürfen die Bälle aus dem Feld holen, aber nur von außerhalb kegeln.

» Der Ball wird rückwärts durch die gegrätschten Beine geworfen
» Der Ball wird geworfen
» Der Ball wird mit dem Fuß gespielt

» Differenzierungsfähigkeit
» Orientierungsfähigkeit
» Reaktionsfähigkeit

» rollen
» werfen
» schießen

Depotklau

beliebig

Hütchen, 4 Matten,
Kleine Kästen, Bänder

Vier Mannschaften bilden, kennzeichnen und den Eckpunkten zuteilen. Ein Feld mit vier Matten in den Ecken und ein Balldepot in der Mitte mit Hütchen markieren. Die Bälle liegen in umgedrehten Kastenteilen.

Auf Pfiff startet von jeder Mannschaft der erste Spieler, holt 1 Ball, dribbelt mit dem Ball am Fuß zurück und schlägt den Nächsten auf der eigenen Matte ab. Welche Mannschaft hat am Ende am meisten Bälle geklaut?

» Jeder Spieler kann vom Balldepot oder von einer anderen Mannschaft einen Ball klauen
» wie zuvor – den Ball jedoch nicht im eigenen Feld ablegen
» Welche Mannschaft hat am Ende am wenigsten Bälle?
» Zwei Spieler von jeder Mannschaft sind gleichzeitig unterwegs
» Der Ball wird geprellt
» Feldgröße variieren

» Differenzierungsfähigkeit
» Orientierungsfähigkeit
» Reaktionsfähigkeit

» prellen
» dribbeln

Zweite Welle

beliebig

Unterschiedliche Bälle, Bänder, Hütchen

2 Mannschaften A und B bilden und kennzeichnen. Das Feld markieren. Mannschaft A stellt sich mit jeweils 1 Ball an der einen Grundlinie auf, Mannschaft B – jeder mit 2 Bällen – gegenüber an der anderen Grundlinie.

Alle Kinder von Mannschaft A versuchen den Ball zur anderen Grundlinie zu prellen. Die Kinder von Mannschaft B rollen auf ein Signal zuerst jeweils 1 Ball ins Feld. Kurz danach folgt wieder auf ein Signal die „Zweite Welle“. Die Kinder von A versuchen geschickt auszuweichen. Nach 5 Versuchen werden die Aufgaben gewechselt. Für jeden erfolgreichen Durchgang – ohne getroffen zu werden – bekommt man 1 Punkt. Wer hat nach 5 Versuchen die meisten Punkte?

» Die Bälle werden gerollt
» Den Ball am Fuß führen
» Rückwärts durch die gegrätschten Beine abschießen
» Mit dem Fuß ins Feld passen
» Anzahl der Versuche variieren
» 3 Bälle auf ein Signal ins Feld spielen

» Differenzierungsfähigkeit
» Orientierungsfähigkeit
» Reaktionsfähigkeit

» prellen
» rollen
» dribbeln
» passen
» werfen

Rollball

beliebig

Bälle, Hütchen

Fünf Kinder kennzeichnen. Einen Kreis markieren.

Die Schüler sitzen in einem Sitzkreis auf dem Hallenboden und rollen sich einen Ball zu. Fünf Schüler bewegen sich in diesem Kreis. Wer vom Ball berührt wird, muss aus der Mitte und setzt sich in den Sitzkreis. Der Schüler, der ihn getroffen hat, darf in die Mitte des Kreises und versucht nun seinerseits dem Ball auszuweichen.

» Mit 2 oder 3 Bällen
» Nur 2, 3 oder 4 Kinder im Kreis
» Kreisgröße der Spielerzahl anpassen

» Differenzierungsfähigkeit
» Orientierungsfähigkeit
» Reaktionsfähigkeit

» rollen

Punktechampion

beliebig

Bälle, Hütchen

Jeder hat 1 Ball. Mit Hütchen 4 Felder markieren.

Alle Kinder beginnen in Feld 1 und prellen den Ball. Jeder versucht mit dem Körper den eigenen Ball abzuschirmen und die Bälle der anderen mit der Hand wegzuschlagen. Für jede erfolgreiche Aktion erhält man 1 Punkt und rückt ein Feld weiter. Wer den Ball verliert, geht ein Feld zurück, sofern man sich nicht in Feld 1 befindet. Wer sammelt die meisten Punkte?

» Für eine Runde – von Feld 1 bis Feld 4 – erhält man 1 Punkt
» Den Ball am Fuß führen
» Verliert man den Ball, wird ein Punkt abgezogen

» Differenzierungsfähigkeit
» Orientierungsfähigkeit
» Reaktionsfähigkeit
» Kopplungsfähigkeit

» prellen
» dribbeln

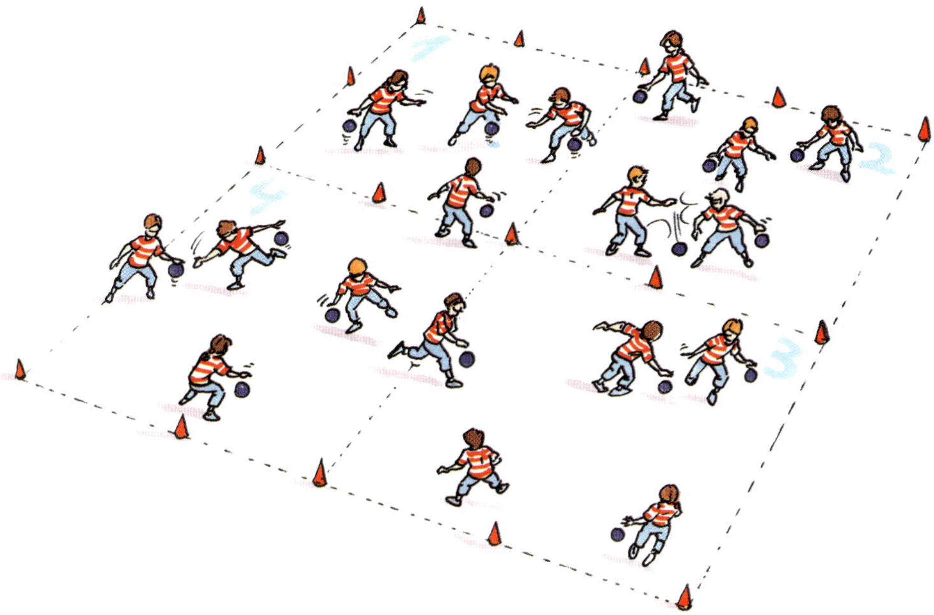

Direktes Duell

beliebig

Softbälle in 2 Farben,
2 Bänke, Bänder

2 Mannschaften einteilen, kennzeichnen und einer Bank zuteilen. Jedes Kind erhält 1 Ball mit bestimmter Farbe.

Beide Mannschaften stehen zu Beginn auf ihrer Bank. Mannschaft A hat rote, Mannschaft B weiße Softbälle. Jedem Kind wird ein direkter Gegner der anderen Mannschaft zugeteilt. Auf ein Signal beginnt das Spiel und jedes Kind versucht zuerst seinen Gegner zu treffen. Wer als erstes 2 Treffer erzielt hat, geht auf seine Bank zurück und hat das Duell für sein Team gewonnen. Welche Mannschaft hat mehr Duelle gewonnen?

» 3 Treffer
» Mit dem Fuß
» Trefffläche vorgeben
» Man darf auch den gegnerischen Ball verwenden
» Mit dem Ball am Fuß

» Differenzierungsfähigkeit
» Orientierungsfähigkeit
» Reaktionsfähigkeit

» werfen
» schießen

Undurchsichtige Wand

beliebig

Bälle, Hütchen,
Weichbodenmatte
(evtl. großes Tuch)

Je nach Gruppengröße 2 oder 4 Mannschaften bilden und kennzeichnen. Weichbodenmatten aufstellen (evtl. Tücher befestigen). Ein Feld markieren.

Zwei Mannschaften spielen gegeneinander „Ball über die undurchsichtige Wand“. Das Ziel ist, den Ball reaktionsschnell zu fangen, bevor dieser den Boden berührt. Gelingt dies nicht, bekommt die andere Mannschaft 1 Punkt. Es muss zuerst ein Abspiel erfolgen, bevor der Ball wieder über die Wand geworfen wird. Welche Mannschaft hat zuerst 10 Punkte?

» Spielfeldgröße der Spielerzahl anpassen
» Evtl. mit 2 Bällen
» Turnier – jeder gegen jeden
» Unterschiedliche Bälle verwenden

» Orientierungsfähigkeit
» Reaktionsfähigkeit

» werfen und fangen

Duell

beliebig

Bälle, Hütchen, Bänke

Jeweils zwei Spieler pro Bank einteilen und eine Passlinie kennzeichnen. Die Bänke 6 m vor der Passlinie umgekippt aufstellen.

Zwei Spieler A und B stellen sich hinter der Passlinie auf. Sie passen den Ball im Wechsel direkt gegen die Bank. Der Ball darf nur hinter der Passlinie gespielt werden. Unterläuft einem Spieler ein Fehler, bekommt der Mitspieler einen Punkt. Wer hat zuerst 5 Punkte erzielt? Mögliche Fehler:

» Die Bank wird nicht getroffen.
» Der Ball geht über die Bank.
» Der Ball ist zu schwach gespielt und rollt nicht hinter die Passlinie.
» Der Passgeber benötigt mehrere Kontakte.

» 2 Kontakte – Ballannahme rechts und Pass links oder umgedreht
» Spieler starten mit 5 Punkten Bonus. Bei jedem Fehler wird ein Punkt abgezogen
» Mit 3 oder 4 Spielern
» 2 Paare gegeneinander
» Unterschiedliche Bälle
» Abstand zur Passlinie variieren

» Differenzierungsfähigkeit
» Orientierungsfähigkeit
» Reaktionsfähigkeit

» passen

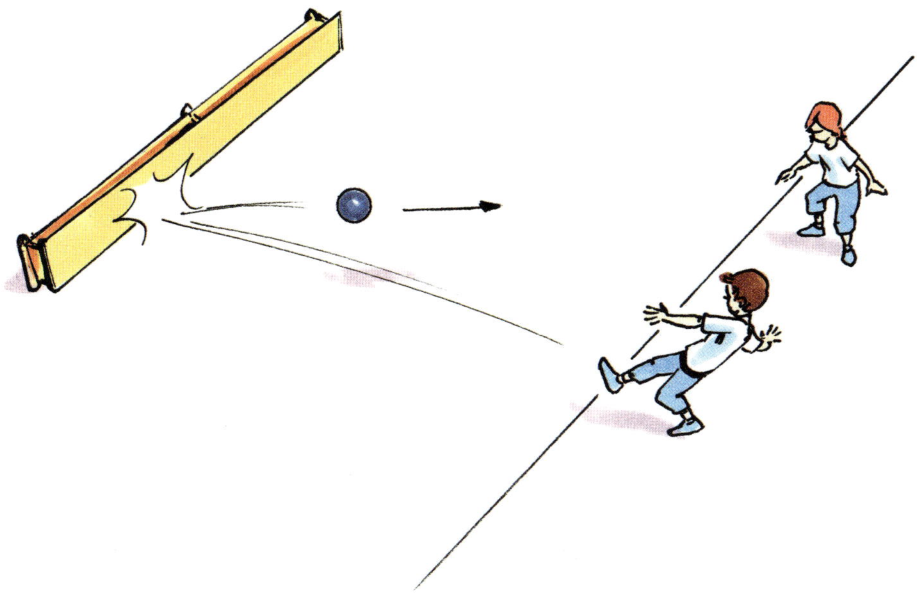

Ball erobern

beliebig

Hütchen, Bälle

Fünfergruppen bilden und Felder markieren. Feldgröße: 5 x 5 m.

In einem Quadrat sind die vier Eckplätze von jeweils einem Kind besetzt. Sie passen sich den Ball zu und versuchen ihn gegen einen Innenspieler zu behaupten. Berührt dieser den Ball, wird gewechselt.

» Zusammenspiel und Kooperation sind wichtig!
» Indirekter Pass
» Die Äußeren rollen sich den Ball zu.
» Die Äußeren werfen sich den Ball im Sitzen zu.

» Differenzierungsfähigkeit
» Orientierungsfähigkeit
» Reaktionsfähigkeit
» Kopplungsfähigkeit

» rollen
» passen
» werfen und fangen

Kapitän coacht

10 bis 14 Kinder

1 Ball, 2 Tore (evtl. Matten), Bänder, Hütchen

Zwei Mannschaften bilden und kennzeichnen. Mit Hütchen ein Feld markieren. 2 Tore aufstellen.

Zwei Mannschaften spielen 5:5 mit je 2 Auswechselspielern gegeneinander Fußball auf 2 Tore. In jeder Mannschaft wird ein Kapitän bestimmt, der Auswechslungen, Aufstellung etc. organisiert. Welche Mannschaft harmoniert am besten und hat nach 5 Minuten mehr Tore erzielt?

» Handball, Basketball, Volleyball, Hockey
» Feldgröße variieren
» Im nächsten Spiel einen neuen Kapitän bestimmen
» Mit Auszeit zur Mannschaftsbesprechung

» Orientierungsfähigkeit
» Reaktionsfähigkeit
» Umstellungsfähigkeit

» Anbieten und Freilaufen
» Präzise Zuspiele
» Spielsituationen erkennen
» Torchancen herausspielen und verwerten

Brennball anders

beliebig

2 Bälle (rot, gelb),
2 Reifen (rot, gelb), 6 Matten,
verschiedene Geräte

Zwei Mannschaften A und B bilden und kennzeichnen. Mannschaft A stellt sich paarweise vor der Start-Matte auf und beginnt. Mannschaft B agiert im Feld mit 2 Brennmeistern. 6 Matten verteilen.

Zwei Kinder von Mannschaft A werfen die Bälle ins Feld und versuchen eine Runde zu durchlaufen. Sind die Bälle von den Brennmeistern in die Reifen gespielt worden und die Paare sind nicht auf einer Matte bzw. auf unterschiedlichen Matten, dann ist das Paar ab und stellt sich wieder bei der Gruppe an. Der gelbe Ball muss in den gelben Reifen geprellt werden und der rote Ball in den roten Reifen. Wenn ein Paar eine Runde schafft, bekommt die Mannschaft einen Punkt. Welche Mannschaft erzielt nach 5 Minuten die meisten Punkte?

- » Kooperation der Paare ist wichtig!
- » Der Ball wird mit dem Fuß zum Brennmeister gepasst
- » Die Kinder starten einzeln
- » Ein Brennmeister
- » Mit Geräten: Unter einer Bank durchkriechen, ein Slalomparcours durchlaufen usw.
- » Nur mit dem Fuß spielen

- » Differenzierungsfähigkeit
- » Orientierungsfähigkeit
- » Reaktionsfähigkeit
- » Kopplungsfähigkeit

- » passen
- » rollen
- » werfen und fangen

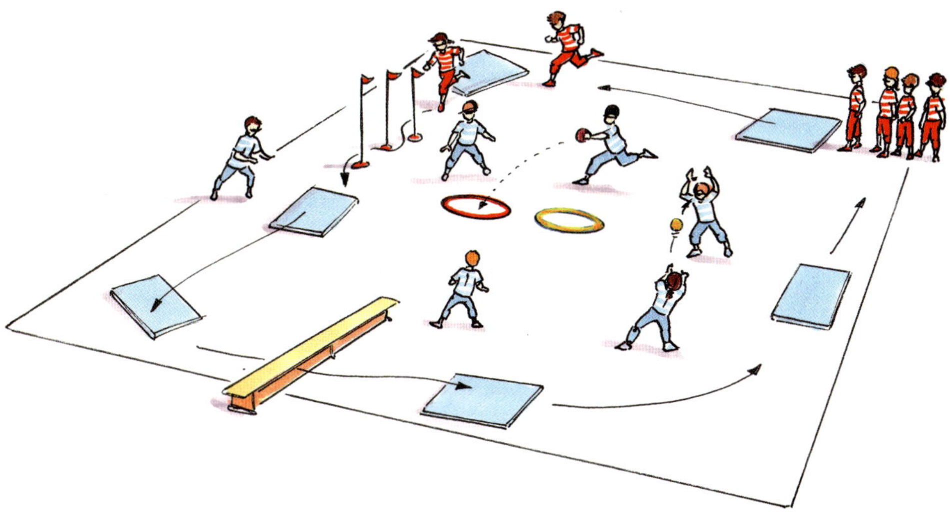

Kooperation vorausgesetzt

beliebig

Bälle, Bänder, Hütchen

Zwei Gruppen bilden, kennzeichnen und ihren Feldern zuteilen. Mit Hütchen 2 Felder markieren. Jeder hat 1 Ball.

Alle führen den Ball am Fuß und erfüllen nach einem Signal – den Ball stoppen und liegen lassen – eine bestimmte Aufgabe. Die Gruppe, die zuerst die Aufgabe gelöst hat, erhält 1 Punkt. Mögliche Aufgabenstellungen: Alle Eckpunkte oder alle Grundseiten besetzen usw.

» Kooperation ist wichtig!
» Den Ball prellen
» Weitere Aufgaben: Auf der Diagonalen aufstellen
» Die Eckpunkte mit unterschiedlichen Farben markieren. „Zu den roten Hütchen!"

» Differenzierungsfähigkeit
» Orientierungsfähigkeit
» Reaktionsfähigkeit

» dribbeln
» prellen

Für das Team

beliebig

Schaumstoffbälle, Hütchen, Bänder, 2 Bänke

Zwei Mannschaften bilden, kennzeichnen und einem Feld zuteilen. Ein Feld markieren.

Zwei Mannschaften werfen sich gegenseitig ab. Begonnen wird mit 2 oder 3 Bällen. Getroffene Spieler müssen sich auf ihre Ersatzbank setzen. Man hat nur 3 Sekunden Zeit, um zu schießen oder abzugeben. Ein abgeworfener Spieler darf wieder ins Spielfeld, wenn ein Mitspieler den Ball direkt auffängt. Es darf immer der Spieler ins Feld zurück, der am längsten draußen war.

» Kooperation ist wichtig!
» Jede Mannschaft hat zwei eigene, andersfarbige Bälle
» Keine Feldbegrenzung
» 2 Spieler dürfen ins Feld, wenn ein Mitspieler den Ball fängt
» Feldgröße der Spielerzahl anpassen
» Trefffläche Hüfte aufwärts

» Differenzierungsfähigkeit
» Orientierungsfähigkeit
» Reaktionsfähigkeit

» werfen und fangen

Schnelle Organisation

beliebig

Bälle, 1 Hütchen in rot, blau, grün und weiß

2 Mannschaften bilden und jeweils einem Quadrat zuteilen. Jeden Eckpunkt mit einem andersfarbigen Hütchen markieren. Jeder hat 1 Ball.

Zwei Mannschaften A und B prellen jeder einen Ball in ihrem Quadrat. Auf ein Signal, z. B. „Rot“, sprinten sie mit dem Ball in der Hand zum entsprechenden Eckpunkt. Die Siegermannschaft erhält 1 Punkt. Welche Mannschaft hat zuerst 5 Punkte?

» Kooperation ist wichtig!
» Auf 2 Farben reagieren
» Mindestens 5 Kinder an einem Eckpunkt
» Gleich viele Kinder an den Eckpunkten
» Den Ball am Fuß führen

» Differenzierungsfähigkeit
» Orientierungsfähigkeit
» Rhythmusfähigkeit
» Reaktionsfähigkeit

» prellen
» dribbeln
» rollen

Alle ins Feld spielen

beliebig

Bälle, Bänder

Zwei Mannschaften bilden, kennzeichnen und einem Feld zuteilen. Jeweils 3 Spieler im Feld bestimmen. Ein Feld markieren.

Ziel des Spieles ist es, die gegnerischen Spieler im Feld zu treffen und somit selbst ins Spielfeld zu gelangen. Zu Beginn stehen alle Spieler außerhalb des Spielfeldes – nur drei Spieler sind im Feld. Ein Spieler, der abgeschossen wurde, muss das Spielfeld nicht verlassen. Sieger ist die Mannschaft, die zuerst alle Spieler im Feld hat. Welche Mannschaft hat zuerst das Feld voll? Vorteil: Schwächere Schüler haben bessere Chancen sich ins Feld zu werfen, da die Anzahl der Feldspieler stetig zunimmt.

» Kooperation ist wichtig!
» Mit 2 oder 3 Bällen
» Anzahl der Spieler im Feld variieren
» Feldgröße variieren
» Zu Beginn 1 oder 2 Spieler im Feld

» Differenzierungsfähigkeit
» Orientierungsfähigkeit
» Reaktionsfähigkeit

» werfen und fangen

Hütchentausch

beliebig	Bälle, 4 Matten, Hütchen in 4 Farben

Jedes Kind hat 1 Ball und 1 Hütchen. Mit Matten in den Ecken ein Feld begrenzen.

Die Kinder prellen den Ball in einem Feld und tauschen prellend mit der freien Hand ihre Hütchen aus. Auf ein Signal organisieren sich Kinder mit gleicher Hütchenfarbe auf einer freien Matte. Kinder mit gleichen Hütchenfarben dürfen nicht tauschen. Welche Gruppe ist zuerst komplett auf einer freien Matte? Jedes Kind von der Siegermannschaft bekommt 1 Punkt.

» Kooperation ist wichtig!
» Vorübung ohne Ball
» Den Ball am Fuß führen

» Differenzierungsfähigkeit » Orientierungsfähigkeit » Reaktionsfähigkeit	» prellen » dribbeln

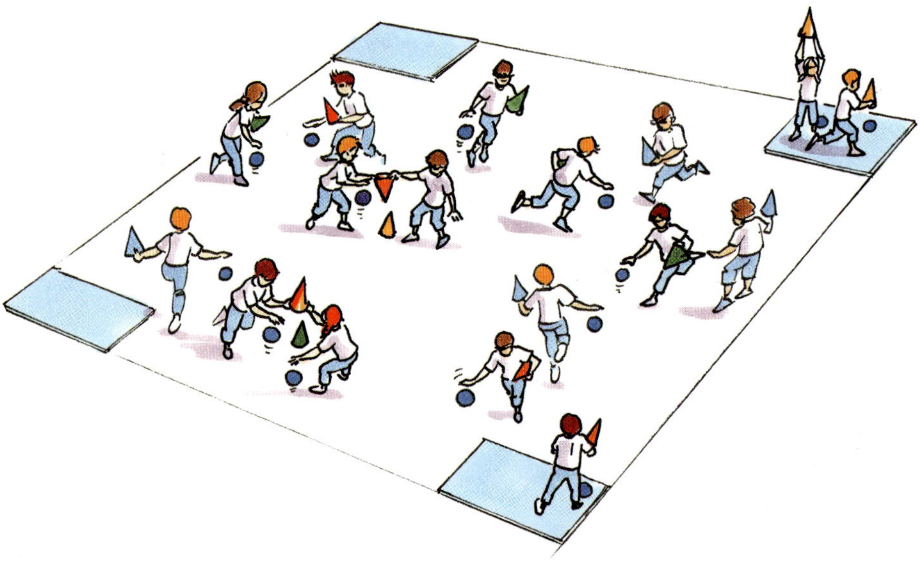

Freunde finden

beliebig

Bälle, Hütchen

Mit Hütchen ein Feld markieren

Die Kinder prellen den Ball in einem Feld. Auf ein Signal finden sich jeweils Gruppen mit gleichen Kriterien (z. B. Geburtsjahr, Anzahl der Geschwister, Haarfarbe etc.).

- Kooperation ist wichtig!
- Von der Gruppe, die zuerst fertig ist, bekommt jedes Kind einen Punkt
- Weiter Beispiele: Schuhfarbe, T-Shirt-Farbe, Alter, Lieblingsfach usw.
- Zu Beginn den Ball am Fuß führen

- Differenzierungsfähigkeit
- Orientierungsfähigkeit
- Reaktionsfähigkeit

- prellen
- dribbeln

Geheimer Joker

10 bis 14 Kinder

1 Ball, 2 Tore (evtl. Matten), Bänder, Hütchen

Zwei Mannschaften bilden und kennzeichnen. Mit Hütchen ein Feld markieren.

Zwei Mannschaften spielen 5:5 gegeneinander Fußball auf 2 Tore. In jeder Mannschaft wird ein Spieler als“ Geheimer Joker“ bestimmt. Tore dieses Kindes zählen doppelt. Welche Mannschaft hat nach 5 Minuten mehr Tore erzielt?

- Der Schiedsrichter gibt Ergebnis nach Spielende bekannt
- Nach einem Treffer des Jokers wird ein neuer Joker bestimmt
- Handball, Basketball, Volleyball, Hockey
- Feldgröße variieren
- Zwei „Geheime Joker“
- 6:6 oder 7:7

- Orientierungsfähigkeit
- Reaktionsfähigkeit
- Umstellungsfähigkeit

- Anbieten und Freilaufen
- Präzise Zuspiele
- Spielsituationen erkennen
- Torchancen herausspielen und verwerten

Spielideen mit taktischen Schwerpunkten

Sind die Ballfertigkeiten und die koordinativen Fähigkeiten entsprechend entwickelt, werden einfache Spielideen durchgeführt, die im weiteren Verlauf vom taktischen Anspruch her immer komplexer werden. Die Kinder werden dadurch zunehmend **spielfähiger** und sie lernen immer mehr, auch schwierige Spielsituationen erfolgreich zu lösen.

Die Schwerpunkte bei diesen Spielen liegen sowohl auf dem individual- und gruppentaktischen Abwehrverhalten als auch auf dem Zusammenwirken der jeweiligen Einzelspieler bzw. der einzelnen Mannschaftsteile. Im Gegensatz zu den Spielen in größeren Gruppen ist die Anzahl der individuellen Ballkontakte wesentlich höher. Die Motivation wird dadurch erhöht, dass ohne weitere Zusatzregeln gespielt wird und der Schwerpunkt darauf liegt, Tore zu erzielen oder zu verhindern. Dabei wird mit echtem, spielnahen Wettkampfcharakter geübt. Technisch-taktische Inhalte sowie verschiedene konditionelle Faktoren werden automatisch mit geschult.

Überzahlspiele (Joker, neutrale Spieler) sowie Spiele mit mehreren Bällen und vielen Toren vereinfachen das Angriffsspiel und erhöhen die Chancen auf einen Torerfolg.

Ab Klasse 4 werden die Grundlagen des Zusammenspiels und die unterschiedlichen Verhaltensweisen zwischen eigenem und gegnerischem Ballbesitz gezielt trainiert und verbessert. Komplexere Spielideen mit Sonderregeln vervollständigen dieses Kapitel. Diese Spiele sorgen bei Kindern immer für große Spannung.

Auf Riesentore

beliebig

Bälle, Bänder

2 Mannschaften bilden und kennzeichnen. Innerhalb der Mannschaft nochmals 2 Gruppen einteilen.

Zwei Mannschaften spielen gegeneinander Fußball mit 2 oder 3 Bällen. Die eine Hälfte von jeder Mannschaft verteidigt das Tor, die andere spielt im Feld. Ein Tor kann an der ganzen Hallenbreite erzielt werden. Torhöhe ist ca. 1 m. Auf ein Signal wechseln Torhüter und Feldspieler. Welche Mannschaft hat nach 5 Minuten mehr Treffer erzielt?

» Torhöhe und Torbreite variieren
» Anzahl der Bälle variieren
» Damit der Spielstand für alle erkennbar ist, hängt der Torschütze (z. B. an der Sprossenwand) ein Band auf. Mannschaft A blaue und B rote Bänder.

» Differenzierungsfähigkeit
» Orientierungsfähigkeit
» Reaktionsfähigkeit
» Umstellungsfähigkeit

» Anbieten und Freilaufen
» Einfache Abspiele
» Zusammenspiel
» Lücken erkennen
» Torchancen herausspielen und verwerten
» Ballorientiert spielen

Hütchenfußball

beliebig

Bälle, Bänder, viele Hütchen

2 Mannschaften bilden und kennzeichnen. Ein Feld markieren und hinter den beiden Grundlinien jeweils 10 Hütchen aufstellen.

Zwei Mannschaften spielen gegeneinander Fußball. Ein Treffer ist dann erzielt, wenn ein Hütchen (ca. 3–5 m) hinter der Grundlinie umgeschossen wird. Es darf nur innerhalb des Feldes verteidigt werden. Liegt ein Ball hinter einer Grundlinie, wird er ins Feld zurückgeholt und dort eingerollt. Gespielt wird mit 2 oder 3 Bällen. Welche Mannschaft hat nach 5 Minuten mehr Hütchen getroffen?

» Anzahl der Hütchen variieren
» Die Hütchen auf Langbänken aufstellen
» Feldgröße variieren

» Differenzierungsfähigkeit
» Orientierungsfähigkeit
» Reaktionsfähigkeit
» Umstellungsfähigkeit

» Anbieten und Freilaufen
» Einfache Abspiele
» Lücken erkennen
» Torchancen herausspielen und verwerten
» Ballorientiert spielen

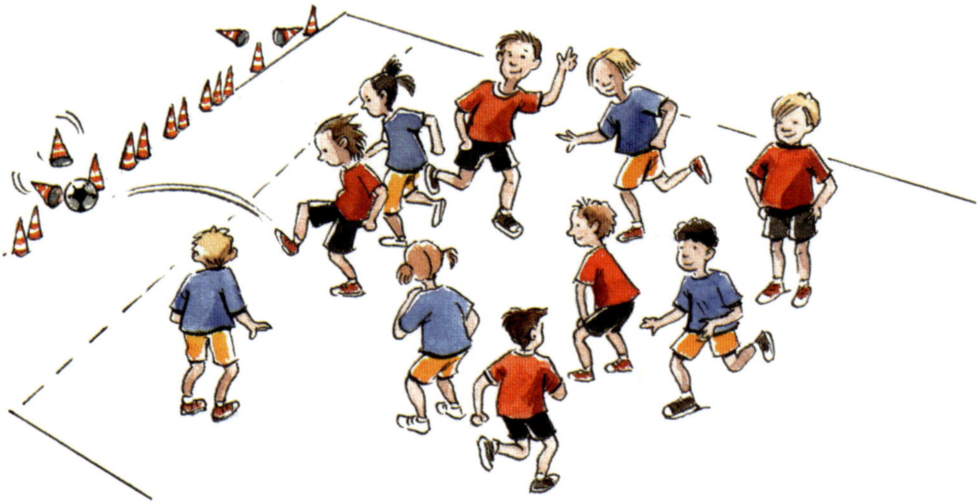

Torschütze coacht

beliebig

Bälle, Matten (ev. Stangen), Bänder, 2 Bänke

2 Mannschaften einteilen und kennzeichnen. Jeweils 3 Torhüter bestimmen. 2 Bänke am Spielfeldrand aufstellen.

Zwei Mannschaften spielen gegeneinander Fußball mit 3 Bällen. Auf jeder Grundseite werden 3 Matten (evtl. Stangen) als Tore verteilt aufgestellt. Nach jedem Treffer verlässt der Torschütze das Feld und unterstützt sein Team von der Bank aus. Das Ergebnis ist so immer sichtbar und die schwächeren Spieler haben mit zunehmender Spieldauer mehr Ballbesitz und werden von den Torschützen angefeuert.

» Je nach Anzahl der Spieler im Feld wird ein oder zwei Bälle aus dem Spiel genommen
» Anzahl der Tore variieren
» Jeder muss mal ins Tor
» Ohne Torwart

» Differenzierungsfähigkeit
» Orientierungsfähigkeit
» Reaktionsfähigkeit
» Umstellungsfähigkeit

» Anbieten und Freilaufen
» Einfache Abspiele
» Zusammenspiel
» Torchancen herausspielen und verwerten
» Ballorientiert spielen

Eckenfußball

beliebig

Bälle, Bänder, 4 Bänke

4 Mannschaften bilden und kennzeichnen. 4 Langbänke umgekippt zum Feld schräg über die Ecken stellen.

Zwei Mannschaften A und C spielen diagonal gegeneinander Fußball auf umgekippte Langbänke. Ein Tor ist erzielt, wenn die Sitzfläche der gegnerischen Bank getroffen wird. Auf das Signal „Wechsel" räumen die beiden Mannschaften das Feld und setzen sich hinter ihre Bank. Gleichzeitig beginnen die Mannschaften B und D gegeneinander mit 2 Bällen zu spielen. Welches Team hat nach 2 (3, 4) Durchgängen das Spiel gewonnen?

» Turnier – jeder gegen jeden
» Je nach Gruppengröße mit 1 Ball spielen
» Pro Mannschaft sind immer nur 3 Spieler auf dem Feld
» A und B gegen C und D

» Orientierungsfähigkeit
» Reaktionsfähigkeit
» Umstellungsfähigkeit

» Anbieten und Freilaufen
» Einfache Abspiele
» Lücken erkennen
» Torchancen herausspielen und verwerten
» Ballorientiert spielen

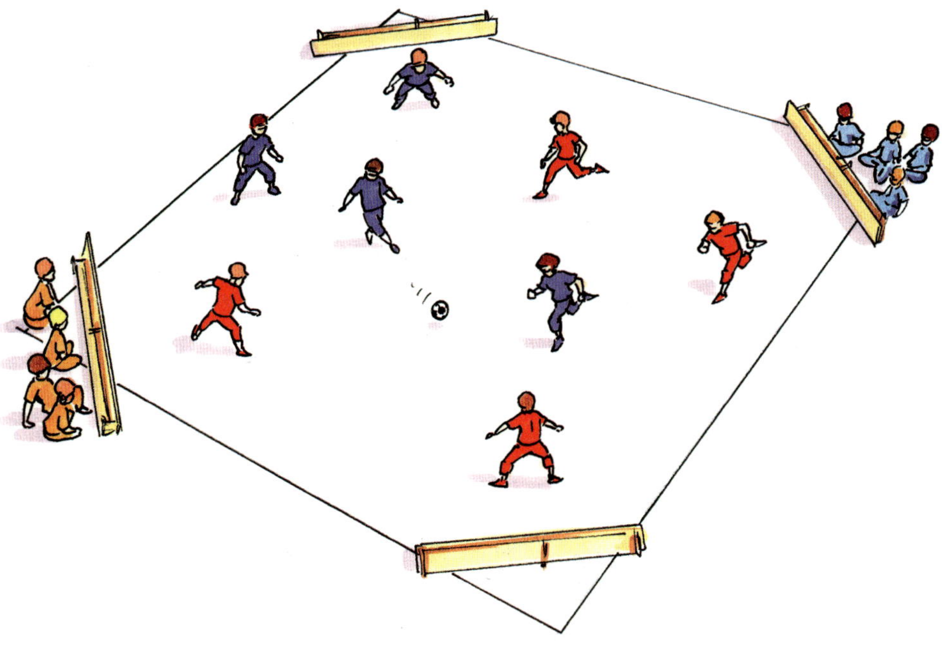

Spiel mit unterschiedlichen Bällen

beliebig

Bälle, Matten, Bänder

Zwei Mannschaften bilden und kennzeichnen. Auf jeder Grundseite 4 Matten auf der ganzen Breite verteilt aufstellen.

Zwei Mannschaften A und B spielen gegeneinander Fußball mit 2 roten und 2 weißen Bällen. Beide Mannschaften verteidigen 4 Mattentore. Jede Mannschaft wird nochmals in jeweils 2 gleich große Gruppen unterteilt, A in rot und gelb, B in grün und blau. Rot (A) und grün (B) spielen mit den weißen Bällen, gelb (A) und blau (B) mit den roten Bällen. Auf ein Signal oder nach Zeit werden die Torhüter gewechselt. Welche Mannschaft hat nach 5 Minuten mehr Treffer erzielt?

- Je nach Spielerzahl nur mit jeweils 1 roten und 1 weißen Ball
- Mädchen mit roten Bällen und Buben mit weißen Bällen
- Anzahl der Mattentore variieren
- Spielerzahl der Feldgröße anpassen
- Mit Tennisball und Softball

- Differenzierungsfähigkeit
- Orientierungsfähigkeit
- Reaktionsfähigkeit
- Umstellungsfähigkeit

- Anbieten und Freilaufen
- Einfache Abspiele
- Zusammenspiel
- Lücken erkennen
- Torchancen herausspielen und verwerten
- Ballorientiert spielen

Auf Offentore

6 bis 8 Kinder pro Mannschaft

Bälle, Hütchen (evtl. Stangen), Bänder

Zwei Mannschaften bilden und kennzeichnen. Ca. 8 m von den Grundlinien entfernt mit Hütchen auf beiden Seiten je drei 2 m breite Offentore aufbauen.

Spiel Fußball auf je 3 Offentore ohne Torwart. Zwei Mannschaften versuchen im Zusammenspiel an einem Offentor des Gegners einen Treffer zu erzielen. Tore können von beiden Seiten erzielt werden. Es wird mit 2 Bällen begonnen. Je nach Leistungsstand kann auch mit 1 Ball gespielt werden. Welche Mannschaft hat nach 3 Minuten am meisten Tore erzielt?

» 3 Bälle
» Unterschiedliche Bälle
» Größe der Offentore variieren
» Anzahl der Offentore variieren
» Spielerzahl der Feldgröße anpassen

» Umstellungsfähigkeit
» Orientierungsfähigkeit
» Reaktionsfähigkeit

» Zusammenspiel
» Torchancen herausspielen und verwerten
» Ballorientiert spielen

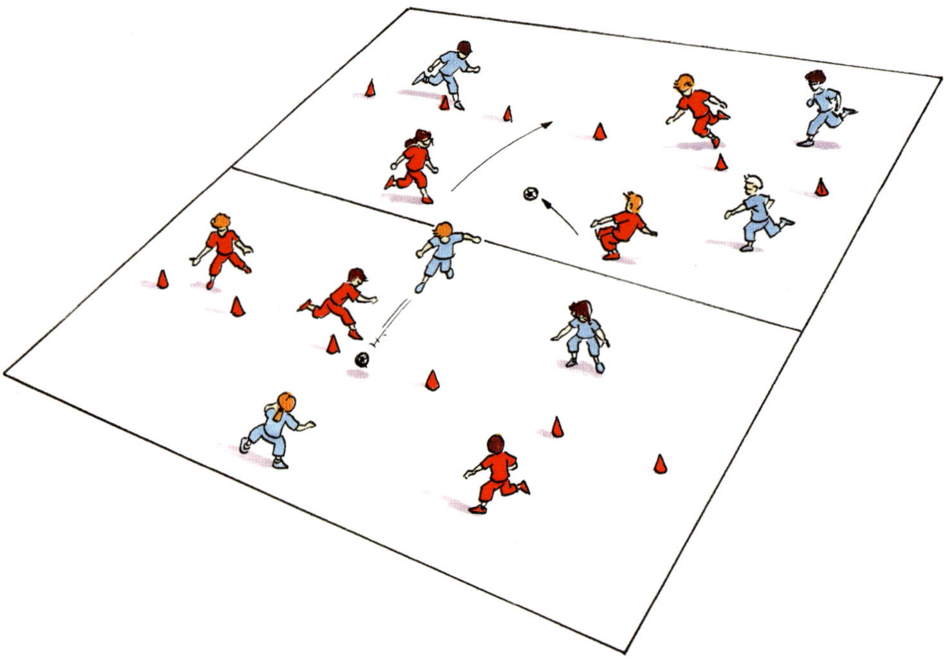

Raus aus dem Deckungsschatten

5 bis 7 Kinder pro Mannschaft

1 Ball pro Spielfeld, Hütchen, Bänder

Je nach Anzahl der Kinder 2 oder 4 Mannschaften bilden und kennzeichnen. Spielfeld(er) markieren.

Zwei Mannschaften spielen gegeneinander Handball ohne Prellen. 10 Pässe ohne Unterbrechung = 1 Tor. Der Ball darf nur mit der Hand gespielt werden. Fällt der Ball auf den Boden, bekommt die gegnerische Mannschaft den Ball.

» Der Ball darf nicht über Schulterhöhe geworfen werden
» Fällt der Ball auf den Boden, wird weitergespielt
» Der letzte Pass muss ein indirekter sein

» Orientierungsfähigkeit
» Reaktionsfähigkeit

» Anbieten und Freilaufen
» Lösen vom Gegenspieler
» Einfache Abspiele
» Mehrere Anspielmöglichkeiten schaffen

Zeitspiel

5 bis 7 Kinder pro Mannschaft

1 Ball pro Spielfeld, Bänder, Hütchen

Je nach Anzahl der Kinder 2 oder 4 Mannschaften bilden und kennzeichnen. Spielfeld(er) markieren.

Zwei Mannschaften spielen gegeneinander Handball und versuchen möglichst lange in Ballbesitz zu bleiben. Nach 1 Minute ist die Spielzeit vorbei. Die Mannschaft, die gerade in Ballbesitz war, erhält einen Punkt. Die Verlierermannschaft hat Ballbesitz in der nächsten Runde. Welche Mannschaft hat nach 3 Durchgängen mehr Punkte?

» Turnier – jeder gegen jeden
» Verlierermannschaft spielt in Überzahl
» Spielfeld variieren
» 2 Minuten Spielzeit
» Fußball

» Orientierungsfähigkeit
» Reaktionsfähigkeit

» Anbieten und Freilaufen
» Lösen vom Gegenspieler
» Einfache Abspiele
» Mehrere Anspielmöglichkeiten schaffen

Über die Schnur zählt doppelt

5 bis 7 Kinder pro Mannschaft

Bälle, Bänder, Hütchen, Zauberschnur

Je nach Anzahl der Kinder 2 oder 4 Mannschaften bilden und kennzeichnen. Spielfeld(er) markieren und die Zauberschnur spannen.

Spiel 7:7 auf Punkte. Zwei Mannschaften spielen mit dem Ziel gegeneinander, möglichst viele Pässe zu spielen. Dabei zählt ein Zuspiel über das Seil doppelt. Welche Mannschaft schafft in 2 Minuten am meisten Pässe ohne Unterbrechung?

» 10 Punkte = 1:0
» Bei 10 Punkten bekommt die andere Mannschaft den Ball
» Bei 4 Mannschaften jeder gegen jeden

» Orientierungsfähigkeit
» Reaktionsfähigkeit
» Umstellungsfähigkeit

» Anbieten und Freilaufen
» Lösen vom Gegenspieler
» Einfache Abspiele
» Mehrere Anspielmöglichkeiten schaffen

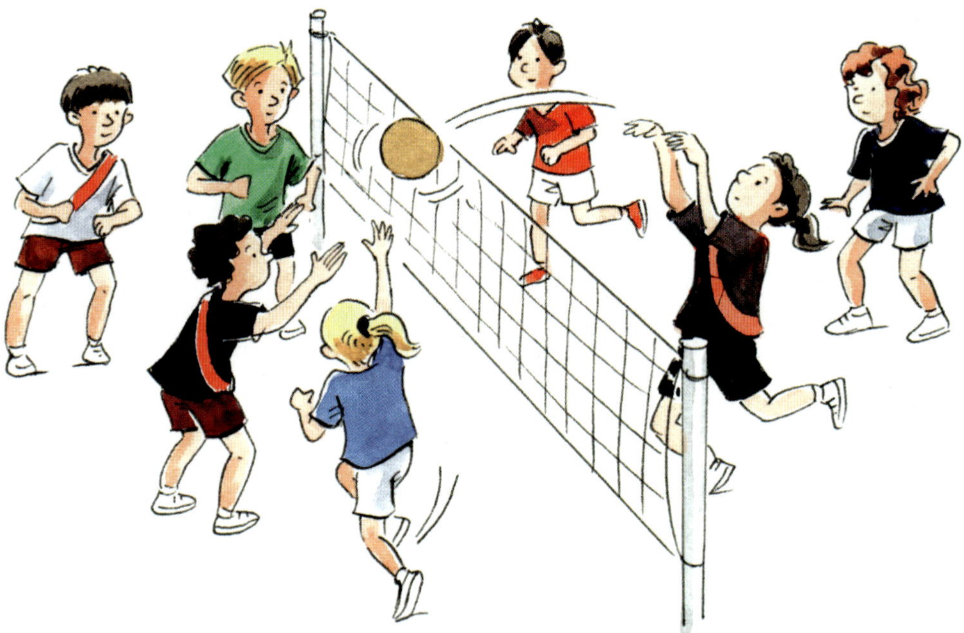

Direkt zum Dritten

5 bis 7 Kinder pro Mannschaft

1 Ball pro Spielfeld, Bänder, Hütchen

Je nach Anzahl der Kinder 2 oder 4 Mannschaften bilden und kennzeichnen. 2 Spielfelder markieren.

Zwei Mannschaften spielen nach Handballregeln gegeneinander. Ein Punkt kann dadurch erzielt werden, indem einem Mitspieler der Ball so zugespielt wird, dass er zu einem Drittel weiterköpfen und dieser ihn direkt auffangen kann. Welche Mannschaft erreicht zuerst 5 Punkte?

- » Ohne prellen
- » Der Ball darf den Boden berühren
- » Zum Zuwerfer zurück
- » Spielfeldgröße variieren
- » Mit dem Fuß (Oberschenkel, Brust etc.) direkt zum Dritten

- » Orientierungsfähigkeit
- » Reaktionsfähigkeit
- » Umstellungsfähigkeit

- » Anbieten und Freilaufen
- » Lösen vom Gegenspieler
- » Einfache Abspiele
- » Dreiecksspiel
- » Passwege verstellen
- » Ballorientiert spielen

Angriffsrecht vorausgesetzt

4 bis 6 Kinder pro Mannschaft

Bänder, Hütchen,
1 Basketball pro Spielfeld

2 Mannschaften bilden und kennzeichnen. Mit Hütchen ein Feld und eine Mittelzone markieren.

Zwei Mannschaften spielen im mittleren Bereich des Feldes gegeneinander Basketball. Die ballbesitzende Mannschaft muss sich zuerst das Angriffsrecht erspielen. Wenn es ihr gelingt, 5 Pässe ohne Unterbrechung zu spielen, kann sie am gegnerischen Korb versuchen einen Treffer zu erzielen.

- » Nach 3 Pässen
- » Treffer an beiden Körben möglich
- » Turnier – jeder gegen jeden

- » Differenzierungsfähigkeit
- » Orientierungsfähigkeit
- » Reaktionsfähigkeit
- » Umstellungsfähigkeit

- » Anbieten und Freilaufen
- » Lösen vom Gegenspieler
- » Präzise Zuspiele
- » Mehrere Anspielmöglichkeiten schaffen
- » Zusammenspiel

Mattenhandball

6 bis 8 Kinder pro Mannschaft

1 Ball, Bänder,
2 Weichbodenmatten

2 Mannschaften bilden und kennzeichnen. Jeweils eine Weichbodenmatte im eigenen Abwehrdrittel hinlegen.

Zwei Mannschaften spielen gegeneinander Handball und versuchen im Zusammenspiel ein Tor zu erzielen. Ein Treffer ist dann erzielt, wenn der Ball im Flug gefangen und auf der gegnerischen Weichbodenmatte abgelegt wird. Findet eine Mattenberührung statt, bevor ein Treffer erzielt wurde, ist das Tor ungültig.

» Jede Mannschaft kann an beiden Matten Tore erzielen
» „Touch down“ ist möglich nach erfolgreichem Dribbling

» Differenzierungsfähigkeit
» Orientierungsfähigkeit
» Reaktionsfähigkeit
» Umstellungsfähigkeit

» Anbieten und Freilaufen
» Lösen vom Gegenspieler
» Mehrere Anspielmöglichkeiten schaffen
» Präzise Zuspiele

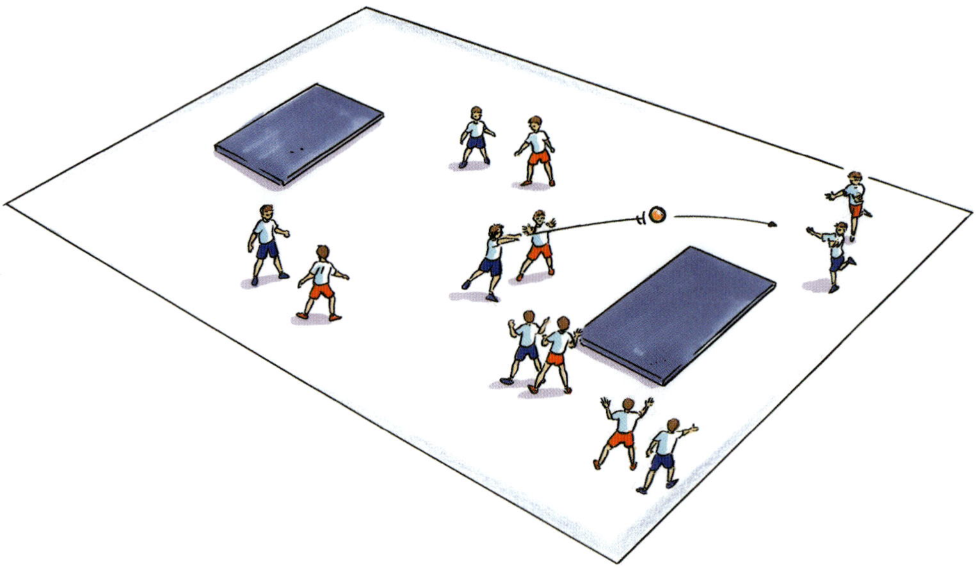

Torschütze zusätzlich ins Tor

beliebig

Bälle, Bänder, Hütchen, Mattentore (evtl. Stangen), 4 Matten nebeneinander

2 Mannschaften bilden und kennzeichnen. Ein Feld markieren und die Tore aufbauen.

Zwei Mannschaften spielen gegeneinander Fußball und versuchen im Zusammenspiel ein Tor zu erzielen. Gespielt wird auf 8 m große Tore (4 Matten). Zu Beginn des Spiels sind 3 Spieler im Tor. Bei Torerfolg wechselt der Torschütze zusätzlich ins Tor. Welche Mannschaft hat nach 5 Minuten mehr Spieler im Tor?

» Feldgröße variieren
» Torgröße variieren
» Mit 2 oder 3 Bällen
» Zu Beginn mit 1 Torwart
» Hockey
» Verschiedene Bälle

» Differenzierungsfähigkeit
» Orientierungsfähigkeit
» Reaktionsfähigkeit

» Anbieten und Freilaufen
» Einfache Abspiele
» Lücken erkennen
» Torchancen herausspielen und verwerten
» Verschieben zum Ball
» Überzahl in Ballnähe

Spielmacher in der Mittelzone

10 Kinder

1 Ball, Hütchen, 2 Tore (evtl. Matten), Bänder

Zwei Mannschaften bilden und kennzeichnen. Ein Feld und eine Mittelzone markieren. Zwei Tore aufstellen. Die Spieler auf die Zonen verteilen.

Spiel Fußball – 2:2 in jeder Hälfte mit je 1 Spielmacher in der Mittelzone auf 2 Tore mit Torhüter. Mannschaft B versucht gegen A in Zone 1 ein Tor zu erzielen. Nach Ballgewinn von A1, A2 oder vom Torhüter wird der Ball sofort auf den Spielmacher von A in die Mittelzone gepasst oder geworfen. Dieser passt dann auf A3 oder A4 in Zone 2 und rückt nach, B1 und B2 versuchen ebenfalls im Zusammenspiel zum Abschluss zu kommen. Nach Ballgewinn von B1 oder B2, Pass auf den Spielmacher von B etc. Nach Torerfolg bleibt die Mannschaft in Ballbesitz und das Spiel wird vom Torhüter aus neu aufgebaut.

» 3:3 in Zone1 und 2
» Feldgröße variieren
» Größe der Zonen variieren
» Torgröße variieren
» Handball

» Reaktionsfähigkeit
» Umstellungsfähigkeit

» Anbieten und Freilaufen
» Zusammenspiel
» Überzahl ausspielen

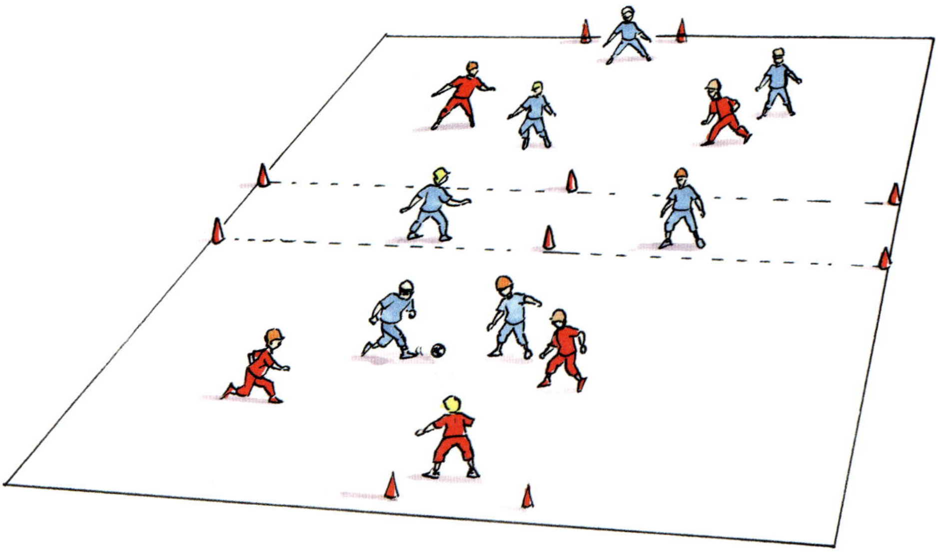

In Überzahl

12 bis 14 Kinder

1 Ball, Hütchen, 2 Tore (evtl. Matten), Bänder

Zwei Mannschaften bilden und kennzeichnen. Das Feld und eine Mittellinie markieren. Zwei Tore aufstellen.

Spiel Handball – 6:4 mit je 1 Torwart im Wechsel. Die ballbesitzende Mannschaft spielt mit 2 Spielern in Überzahl und versucht im Zusammenspiel ein Tor zu erzielen. Zwei Spieler der Unterzahlmannschaft pausieren neben dem eigenen Tor und kommen nach Ballgewinn ins Spiel.

» Basketball
» Fußball
» 6:5 oder 5:3
» Feldgröße variieren
» Torgröße variieren

» Orientierungsfähigkeit
» Reaktionsfähigkeit
» Umstellungsfähigkeit

» Anbieten und Freilaufen
» Spiel öffnen bei Ballbesitz
» Schnelles Zusammenspiel
» Überzahl ausspielen

Mit wechselnder Spielerzahl

6 bis 8 Kinder pro Mannschaft

1 Ball, Bänder, Hütchen

Zwei Mannschaften bilden und kennzeichnen. Ein Feld und eine Mittellinie markieren. Zwei Tore aufstellen.

Spiel 6:6 Fußball auf 2 Tore. Zwei Mannschaften mit Torwart spielen gegeneinander Fußball und versuchen im Zusammenspiel ein Tor zu erzielen. Bei Torerfolg spielt diese Mannschaft im Anschluss mit einem Spieler weniger weiter, während die andere Mannschaft einen Spieler dazu bekommt. Das Spiel ist beendet, wenn eine Mannschaft nur noch 4 (3) Spieler auf dem Feld hat. Dann wird wieder neu begonnen.

» Handball
» Basketball
» Spiel mit 1 Neutralen
» Feldgröße variieren
» Torgröße variieren

» Differenzierungsfähigkeit
» Orientierungsfähigkeit
» Reaktionsfähigkeit

» Anbieten und Freilaufen
» Einfache Abspiele
» Überzahl ausspielen
» In Gleich- oder Unterzahl geschickt verteidigen

Mit wechselndem Angriffsrecht

10 bis 14 Kinder

2 Bälle, Hütchen, Bänder

4 Mannschaften bilden, kennzeichnen und jeweils 2 Teams auf jede Hälfte verteilen. 1 Anspieler für jede Hälfte bestimmen.

Spiel Basketball – 3:3 in jeder Hälfte mit je 1 Anspieler hinter der Mittellinie. A1, A2 und A3 versuchen im Zusammenspiel gegen B1, B2 und B3 einen Korb zu erzielen. Die ballbesitzende Mannschaft wird unterstützt durch einen Anspieler, der hinter der Mittellinie agiert. Nach Ballgewinn von B muss zuerst auf den Anspieler gepasst werden, dann wechseln das Angriffsrecht und die Aufgaben. Unter dem anderen Korb spielen die Mannschaften C und D mit ihrem Anspieler gegeneinander. Welche Mannschaft hat nach 2 Minuten mehr Körbe erzielt?

» Fußball
» Handball
» 2:2
» Turnier – jeder gegen jeden

» Orientierungsfähigkeit
» Umstellungsfähigkeit

» Anbieten und Freilaufen
» Lösen vom Gegenspieler
» Schnelles Zusammenspiel
» Gruppentaktische Mittel einsetzen

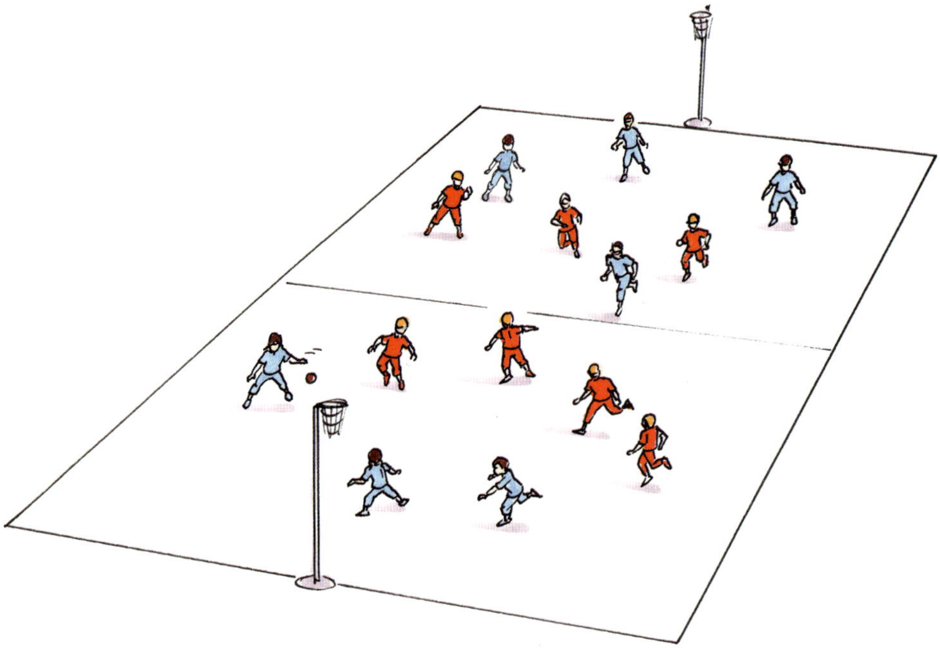

Aufsetzerball

beliebig

1 Ball pro Spielfeld, Matten (evtl. Stangen), Hütchen, Bänder

Je nach Anzahl der Kinder 4 (6, 8) Mannschaften bilden, kennzeichnen und ihren Feldern zuteilen. Mit Hütchen Felder und eine Wurflinie markieren. Tore aufbauen.

Spiel Handball – 2:2 auf 4 m große Mattentore.
Zwei Mannschaften spielen 2 gegen 2 auf einem Spielfeld (Hallenbreite) gegeneinander. Bei der Mannschaft, die nicht in Ballbesitz ist, sind beide Spieler im Tor. Bei der Mannschaft, die den Ball besitzt, sind beide Spieler Angreifer. Mit dem Ball darf nicht gelaufen werden. Ein Torhüter wirft seinem Mitspieler, der ohne Ball Richtung Wurflinie läuft, den Ball zu. Dieser muss den Ball fangen und vor der Wurflinie sofort zum Torwurf übergehen. Tore sind nur als Aufsetzer gültig.

» Doppelpass bis zur Wurflinie
» 3:3 (3 im Angriff – 1 Abwehr und 2 im Tor)
» 4:4 (4 im Angriff – 2 in der Abwehr und 2 im Tor oder 2 feste Torhüter)
» Abstand der Wurflinie und Torgröße variieren
» 2 Wurflinien

» Orientierungsfähigkeit
» Reaktionsfähigkeit
» Umstellungsfähigkeit

» Zusammenspiel
» Spielsituationen erkennen
» Lücken erkennen
» Chancen herausspielen und verwerten

Mattentreffer

5 bis 7 Kinder pro Mannschaft

1 Ball pro Spielfeld, Matten, Bänder, Hütchen

Je nach Anzahl der Kinder 2 oder 4 Mannschaften bilden und kennzeichnen. Jeweils 5 Matten pro Feld verteilen und 2 Felder markieren.

Zwei Mannschaften spielen nach Basketballregeln – ohne Prellen – gegeneinander. Das Ziel ist, aus dem Zusammenspiel heraus einen Treffer zu erzielen, indem der Ball auf einer Matte abgelegt wird. Welche Mannschaft erzielt in 2 Minuten mehr Tore?

» Anzahl der Matten variieren
» Spielfeldgröße variieren
» Der Ball muss auf eine Matte geprellt und von einem Mitspieler gefangen werden

» Orientierungsfähigkeit
» Reaktionsfähigkeit
» Umstellungsfähigkeit

» Anbieten und Freilaufen
» Lösen vom Gegenspieler
» Einfache Abspiele
» Mehrere Anspielmöglichkeiten schaffen

Intelligent spielen

5 bis 7 Kinder pro Mannschaft

Bälle, Bänder, Hütchen (evtl. Stangen)

Je nach Anzahl der Kinder 4 Mannschaften bilden und kennzeichnen. 2 Spielfelder markieren und Hütchentore aufstellen.

Zwei Mannschaften spielen gegeneinander Fußball. Es gibt mehr Tore, als Anzahl der Spieler einer Mannschaft. Die ballbesitzende Mannschaft versucht sich im Zusammenspiel schnell zu einem freien Tor hin zu orientieren. Ein Tor ist erzielt, wenn ein Pass durch das Hütchen- oder Stangentor zum Mitspieler gelingt. Das Spiel wird danach fortgesetzt. Die abwehrende Mannschaft versucht die Tore in Ballnähe zu besetzen und den Ball zurück zu gewinnen. Welche Mannschaft erzielt mehr Tore?

» Turnier – jeder gegen jeden
» Spielfeldgröße variieren
» Größe der Hütchentore variieren
» Handball – Torerfolg ist ein Bodenpass durch das Hütchentor

» Orientierungsfähigkeit
» Reaktionsfähigkeit
» Umstellungsfähigkeit

» Anbieten und Freilaufen
» Präzise Zuspiele
» Schnelles Umschalten
» Spielverlagerung

Welches Tor ist frei?

3 Kinder pro Mannschaft

1 Ball pro Feld, Stangen, Hütchen, Hemdchen

Je nach Anzahl der Kinder 2 oder 4 Mannschaften bilden und kennzeichnen. Spielfeld(er) markieren und Tore aufbauen.

Spiel 3:3 auf vier Stangentore. Zwei Mannschaften spielen Fußball gegeneinander und versuchen im Zusammenspiel ein Tor zu erzielen. Jede Mannschaft spielt auf alle 4 Tore. Ein Tor ist immer frei! Ein Treffer ist dann gültig, wenn direkt durch eines der Stangentore gespielt wird. Geht der Ball über eine der vier Grundlinien, wird dort von der anderen Mannschaft eingespielt. Nach einem Tor bleibt die entsprechende Mannschaft in Ballbesitz. Welche Mannschaft hat nach 2 Minuten mehr Tore erzielt?

» 4:4 auf 4 (5) Stangentore
» Tore können auch nach einem Dribbling erzielt werden
» Größe der Stangentore variieren
» Größe des Feldes variieren

» Differenzierungsfähigkeit
» Orientierungsfähigkeit
» Reaktionsfähigkeit

» Anbieten und Freilaufen
» Zusammenspiel
» Spielverlagerung
» Lücken erkennen
» In Gleichzahl angreifen

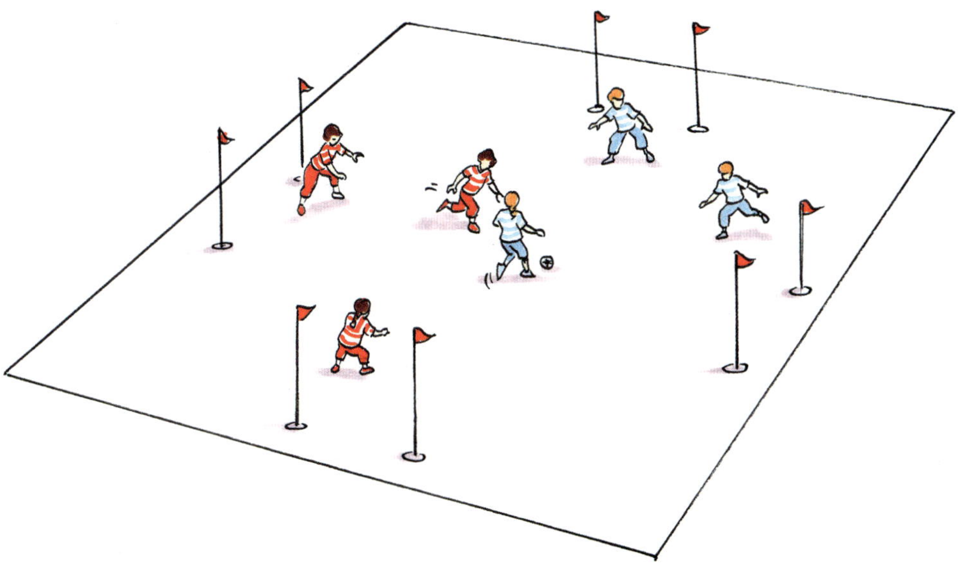

Reifenspiel

beliebig

1 Ball, Reifen, Bänder, Hütchen

Je nach Anzahl der Kinder 2 oder 4 Mannschaften bilden, kennzeichnen und ihren Feldern zuteilen. 1 oder 2 Reifen mehr als die Anzahl der Kinder im Feld verteilen. Mit Hütchen das Feld markieren.

Zwei Mannschaften spielen gegeneinander Handball um den Ballbesitz. Im Spielfeld liegen Gymnastikreifen verteilt. Gelingt es der ballbesitzenden Mannschaft einen Mitspieler im Reifen anzuspielen, gibt es einen Punkt. Die verteidigende Mannschaft kann den Reifen „sperren“, wenn ein Fuß auf dem Reifen ist. Zwei Punkte hintereinander an einem Reifen zu erzielen, ist nicht möglich. Welche Mannschaft hat nach 3 Minuten die meisten Punkte erzielt?

» Feldgröße verändern
» Der Ball wird mit dem Fuß gespielt.
» Der Ball wird indirekt zugepasst.
» Der Ball wird vom Reifen zum Dritten geköpft

» Orientierungsfähigkeit
» Reaktionsfähigkeit
» Umstellungsfähigkeit

» Anbieten/Freilaufen
» Präzise Zuspiele
» Zusammenspiel
» Spielverlagerung
» Spielsituationen erkennen und lösen

Handball anders

5 bis 7 Kinder pro Mannschaft

1 Ball pro Spielfeld, Bänder, Hütchen

Je nach Anzahl der Kinder2 oder 4 Mannschaften bilden und kennzeichnen. 2 Spielfelder markieren.

Zwei Mannschaften spielen gegeneinander Handball. Ein Tor ist erzielt, wenn der Ball direkt über die Wand zum Mitspieler gepasst wird. Berührt der Ball den Boden, ist der Treffer ungültig.

» Den Ball als Aufsetzer spielen
» Rückwärts durch die gegrätschten Beine spielen
» Bei 4 Teams – jeder gegen jeden

» Differenzierungsfähigkeit
» Orientierungsfähigkeit
» Reaktionsfähigkeit
» Umstellungsfähigkeit

» Anbieten und Freilaufen
» Einfache Abspiele
» Spielsituation erkennen
» Spielverlagerung
» Überzahl in Ballnähe

Squash-Handball

5 bis 7 Kinder pro Mannschaft

1 Ball pro Spielfeld, Bänder, Hütchen

Je nach Anzahl der Kinder 2 oder 4 Mannschaften bilden und kennzeichnen. 2 Spielfelder markieren.

Zwei Mannschaften spielen nach Handballregeln gegeneinander. Ein Punkt ist erzielt, wenn der Ball so geworfen wird, dass er zuerst den Boden, dann die Wand und anschließend wieder den Boden berührt. Die abwehrende Mannschaft kann den Punkterfolg verhindern, indem sie den Ball direkt auffängt. Kommt der Ball außerhalb des Spielfeldes auf, dann zählt der Punkt nicht.

- Feldgröße variieren
- Ohne prellen
- Es kann an jeder Wand ein Punkt erzielt werden

- Differenzierungsfähigkeit
- Orientierungsfähigkeit
- Reaktionsfähigkeit
- Umstellungsfähigkeit

- Anbieten und Freilaufen
- Einfache Abspiele
- Spielsituation erkennen
- Spielverlagerung
- Überzahl in Ballnähe

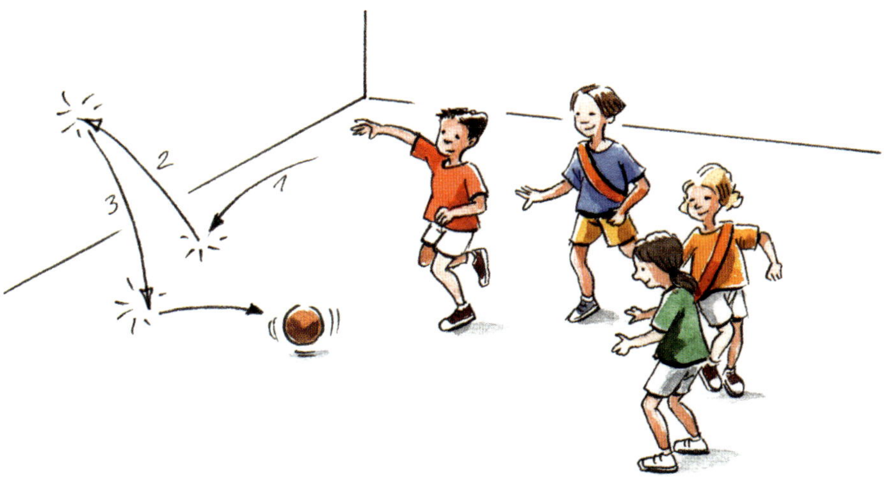

Joker im Freiwurfraum

5 bis 7 Kinder pro Mannschaft

1 Ball, Bänder, evtl. Hütchen

2 Mannschaften bilden und kennzeichnen. 2 Joker bestimmen und dem Freiwurfraum zuteilen.

Spiel 6:6 Basketball auf 2 Körbe. Zwei Mannschaften spielen gegeneinander Basketball und versuchen im Zusammenspiel einen Korb zu erzielen. Das Ziel ist, den Joker im Freiwurfraum mit einem Bodenpass anzuspielen, der versucht einen Korb zu erzielen (1 Punkt). Gelingt beim Wurfversuch kein Korb und der Joker holt den Rebound in der Zone, darf dieser nochmals werfen. Ansonsten bekommt die andere Mannschaft den Ball und baut das Spiel neu auf. Der Passgeber wechselt in den Freiwurfraum. Ein Korb von außerhalb zählt 3 Punkte.

» Größe des Freiwurfraums variieren
» Fußball – Joker im Strafraum darf nur vom Torwart angegriffen werden
» Joker hat 2 Versuche
» Nur Joker können Körbe erzielen und haben höchstens 3 Sekunden für den Wurf

» Differenzierungsfähigkeit
» Orientierungsfähigkeit
» Reaktionsfähigkeit
» Umstellungsfähigkeit

» Anbieten und Freilaufen
» Einfache Abspiele
» Zusammenspiel
» In Gleich- oder Überzahl angreifen

Turmball

5 bis 7 Kinder pro Mannschaft

1 Ball, Bänder, evtl. Hütchen, 2 kleine Kästen

2 Mannschaften bilden und kennzeichnen. 2 kleine Kästen aufstellen. Ein Freiwurfraum und das Feld markieren.

Spiel 6:6 Basketball auf 2 Körbe. Zwei Mannschaften spielen gegeneinander Basketball und versuchen im Zusammenspiel einen Korb zu erzielen. Das Ziel ist, den Spieler auf dem Kastenteil im Freiwurfraum anzuspielen, der versucht einen Korb zu erzielen (1 Punkt). Gelingt beim Wurfversuch kein Korb, bekommt die andere Mannschaft den Ball und baut das Spiel neu auf. Der Passgeber wechselt auf den kleinen Kasten.

» Ein Korb von außerhalb des Freiwurfraums zählt 3 Punkte
» Zwei Wurfversuche
» Größe des Freiwurfraums variieren
» Zuerst müssen 3 Pässe gespielt werden

» Differenzierungsfähigkeit
» Orientierungsfähigkeit
» Reaktionsfähigkeit
» Umstellungsfähigkeit

» Anbieten und Freilaufen
» Einfache Abspiele
» Zusammenspiel
» In Gleich- oder Überzahl angreifen

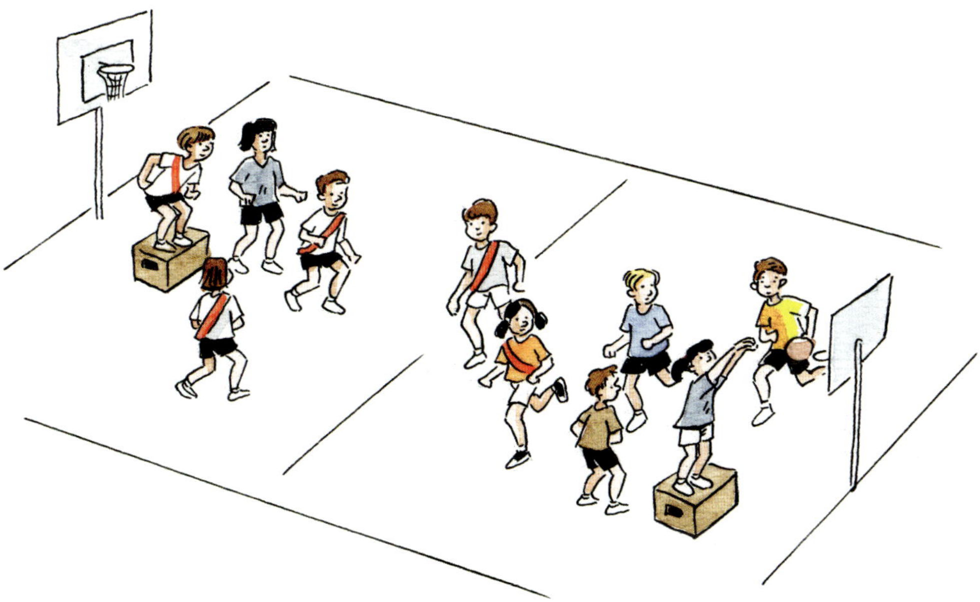

Jokerball

5 Kinder pro Mannschaft

2 Bälle pro Spielfeld, Hütchen, Bänder

Je nach Anzahl der Kinder 2 oder 4 Mannschaften bilden und kennzeichnen. Spielfeld(er) markieren.

Spiel 5:5 Basketball auf 2 Körbe. Zwei Mannschaften spielen gegeneinander Basketball und versuchen im Zusammenspiel einen Korb zu erzielen. Nachdem eine Mannschaft einen Treffer erzielt hat, bekommt dieses Kind im Anschluss vom Trainer einen zweiten Ball (Jokerball) zugepasst. Der ballbesitzende Spieler kann ohne Gegnerdruck versuchen einen weiteren Korb zu erzielen.

» Zeitdruck beim Jokerball
» 2:1 beim Jokerball
» Korbleger
» Feldgröße variieren

» Differenzierungsfähigkeit
» Orientierungsfähigkeit
» Reaktionsfähigkeit
» Umstellungsfähigkeit

» Anbieten und Freilaufen
» Einfache Abspiele
» Zusammenspiel
» In Gleich- oder Überzahl angreifen

Auf umgekehrte Bänke

beliebig

Bälle, Bänder, Bänke

2 Mannschaften bilden und kennzeichnen. Bänke ca. 8 bis 10 m von der Grundlinie entfernt umgekehrt aufstellen.

Zwei Mannschaften spielen mit 2 Bällen gegeneinander Fußball auf zwei umgekehrte Bänke mit je einem Torwart. Ein Tor ist erzielt, wenn die Sitzfläche der gegnerischen Bank getroffen wird.

» Spiel 6:6 bis 8:8 mit 1 Ball
» 2 Torwarte
» Rollball
» Hockey
» Feldgröße variieren

» Differenzierungsfähigkeit
» Orientierungsfähigkeit
» Reaktionsfähigkeit
» Umstellungsfähigkeit

» Anbieten und Freilaufen
» Einfache Abspiele
» Torchancen herausspielen und verwerten

Tabuzone beachten

5 Kinder pro Mannschaft

1 Ball, Hütchen,
2 Handballtore
(evtl. Matten), Bänder

Zwei Mannschaften einteilen und kennzeichnen. Mit Hütchen das Feld und die Tabuzone (5 x 5 m)markieren.

Spiel 5:5 Fußball auf 2 Tore mit Tabuzone. Zwei Mannschaften spielen gegeneinander Fußball und versuchen im Zusammenspiel ein Tor zu erzielen. Dabei darf durch die Tabuzone in der Mitte weder durchgepasst noch durchgelaufen werden.

» Durch die Tabuzone darf durchgepasst werden
» 7:7 oder 8:8
» 1 Neutraler
» Feldgröße variieren
» Torgröße variieren
» Größe der Tabuzone variieren

» Orientierungsfähigkeit
» Reaktionsfähigkeit

» Anbieten und Freilaufen
» Zusammenspiel
» Spiel öffnen
» Spielverlagerung

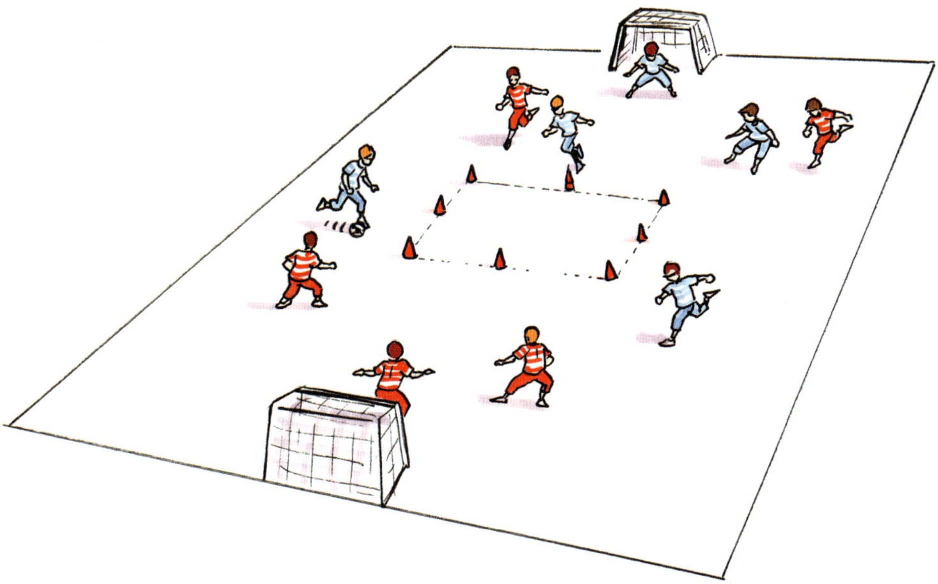

Inselspiel

beliebig

3 Bälle, Hütchen, Bänder

3 Mannschaften bilden, und kennzeichnen. 3 Inseln mit Hütchen markieren. Jede Mannschaft hat 1 Ball.

Drei Mannschaften spielen gegeneinander und versuchen Kinder einer anderen Mannschaft abzuwerfen. Getroffene Kinder müssen auf ihre Insel zurück und sind dann wieder frei, wenn sie nach einem Zuspiel eines Mitspielers von der Insel aus einen Treffer erzielen. Gespielt wird so lange, bis alle von einer Mannschaft getroffen wurden.

» Jede Mannschaft hat 2 Bälle
» Spiel auf Zeit
» Spiel mit 2 oder 4 Mannschaften
» Spielfeldgröße der Spielerzahl anpassen

» Orientierungsfähigkeit
» Reaktionsfähigkeit
» Umstellungsfähigkeit

» Anbieten und Freilaufen
» Zusammenspiel
» Spielsituationen erkennen

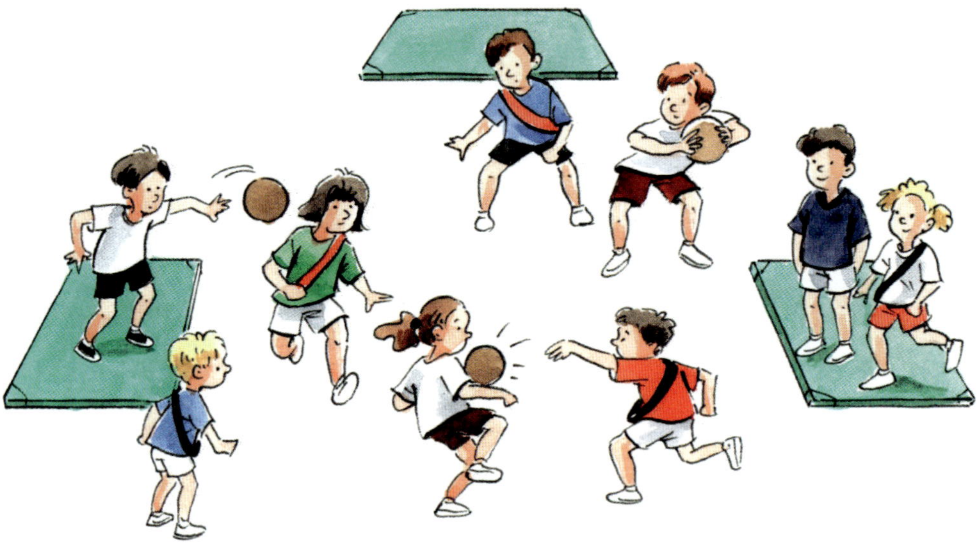

Welches Tor?

6 bis 8 Kinder pro Mannschaft,
2 neutrale Torwarte

2 Handballtore,
(evtl. Stangentore), Bänder,
Hütchen, 1 Ball

Mit Hütchen drei Zonen und zwei Torräume markieren.

Zwei Mannschaften A und B spielen in der Mittelzone Handball gegeneinander. Gelingt es einer Mannschaft, 5 Pässe ohne Unterbrechung zu spielen, kann sie entweder an Tor 1 oder Tor 2 versuchen ein Tor zu erzielen. Geht der Ball ins Toraus, wird in der Mittelzone neu begonnen.

» Feldgröße variieren
» Torgröße variieren
» Anstatt der Torkreise eine Wurflinie kennzeichnen

» Differenzierungsfähigkeit
» Orientierungsfähigkeit
» Reaktionsfähigkeit
» Umstellungsfähigkeit

» Anbieten und Freilaufen
» Lösen vom Gegenspieler
» Präzise Zuspiele
» Mehrere Anspielmöglichkeiten schaffen
» Zusammenspiel
» Schnelles Umschalten

Bewegliches Tor

5 bis 7 Kinder pro Mannschaft

1 Softball, Bänder, Hütchen

Je nach Anzahl der Kinder 2 oder 4 Mannschaften bilden und kennzeichnen. Spielfeld(er) markieren.

Spiel 6:6 Handball auf lebende Tore. Zwei Mannschaften spielen gegeneinander Handball, mit dem Ziel ein gegnerisches lebendes Tor zu treffen. Jeder Treffer = 1 Tor. Welche Mannschaft hat nach 2 Minuten mehr Treffer erzielt?

» Jede Mannschaft hat 2 oder 3 lebende Tore
» Ohne prellen
» Jeder gegen jeden
» Trefffläche vorgeben

» Differenzierungsfähigkeit
» Orientierungsfähigkeit
» Reaktionsfähigkeit
» Kopplungsfähigkeit

» Anbieten und Freilaufen
» Einfache Abspiele
» Zusammenspiel
» Schnelles Umschalten
» Spielverlagerung
» Geschickte Raumaufteilung
» Passwege verstellen

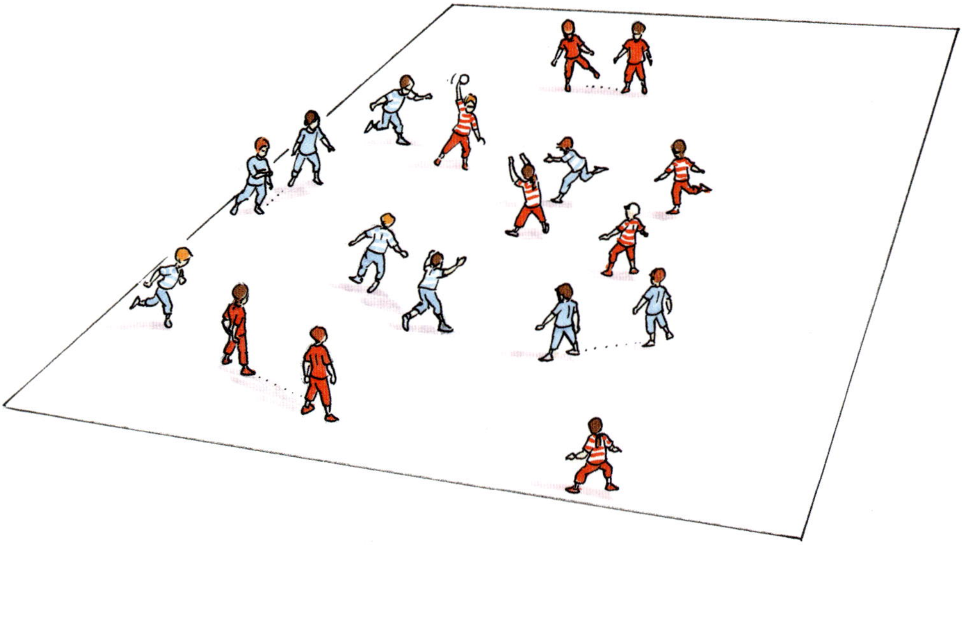

In zwei Hälften

5 bis 7 Spieler pro Mannschaft

1 Ball, Hütchen, 2 Handballtore (evtl. Matten), Bänder

Zwei Mannschaften bilden und kennzeichnen. Ein Feld und eine Mittellinie markieren. Zwei Tore aufstellen. 2 Torhüter bestimmen und jeweils 2 Spieler auf die Hälften verteilen.

Spiel 5:5 Fußball auf 2 Tore. Zwei Mannschaften spielen gegeneinander Fußball auf 2 Tore mit Torhüter. In jeder Hälfte wird 2:2 gespielt. Das Ziel für die Spieler in der Abwehr ist, mit dem Torhüter im 3:2 den Ball zu sichern und über die Mittellinie auf einen Mitspieler in der Angriffshälfte zu passen. Die beiden Angreifer versuchen im Zusammenspiel ein Tor zu erzielen. Nach Torerfolg bleibt die Mannschaft in Ballbesitz und das Spiel wird vom Torhüter aus neu aufgebaut.

» 3:3 in jeder Hälfte
» 3:2 in der Angriffshälfte
» Feldgröße variieren
» Torgröße variieren
» Der Anspieler rückt in die Angriffshälfte nach
» Basketball

» Orientierungsfähigkeit
» Reaktionsfähigkeit
» Umstellungsfähigkeit

» Anbieten und Freilaufen
» Schnelles Umschalten
» Gruppentaktische Angriffsmittel einsetzen
» Überzahl ausspielen
» In Gleichzahl geschickt verteidigen

Im schnellen Wechsel

11 bis 14 Kinder

Bälle, Hütchen,
2 Tore (evtl. Matten), Bänder

Drei Mannschaften A, B und C bilden und kennzeichnen. Ein Feld und eine Mittellinie markieren. Zwei Tore aufstellen. Die Spieler und die Torhüter auf die Spielfeldhälften verteilen.

Spiel Fußball – 3:2 in ständigem Wechsel auf 2 Tore mit je 1 Torhüter. Drei Angreifer A1, A2 und A3 versuchen im Zusammenspiel gegen zwei Abwehrspieler B1 und B2 ein Tor zu erzielen. Ein weiterer Abwehrspieler B3 wartet mit Ball neben dem Tor auf seinen Einsatz. Bei Ballverlust, Ausball oder Torerfolg der Angreifer schalten B1 und B2 sofort auf Angriff um. B3 wird jetzt aktiv und bringt den Ball ins Spiel. In der anderen Hälfte haben sich bereits zwei Abwehrspieler C1 und C2 postiert, so dass wieder eine 3:2-Überzahlsituation für die ballbesitzende Mannschaft entsteht. C3 wartet mit Ball neben dem Tor.

» 3:1 Überzahl
» 4:3 Überzahl
» Feldgröße variieren
» Torgröße variieren
» Handball
» Basketball

» Orientierungsfähigkeit
» Reaktionsfähigkeit
» Umstellungsfähigkeit

» Anbieten und Freilaufen
» Zusammenspiel
» Schnelles Umschalten
» Überzahl ausspielen
» In Unterzahl verteidigen

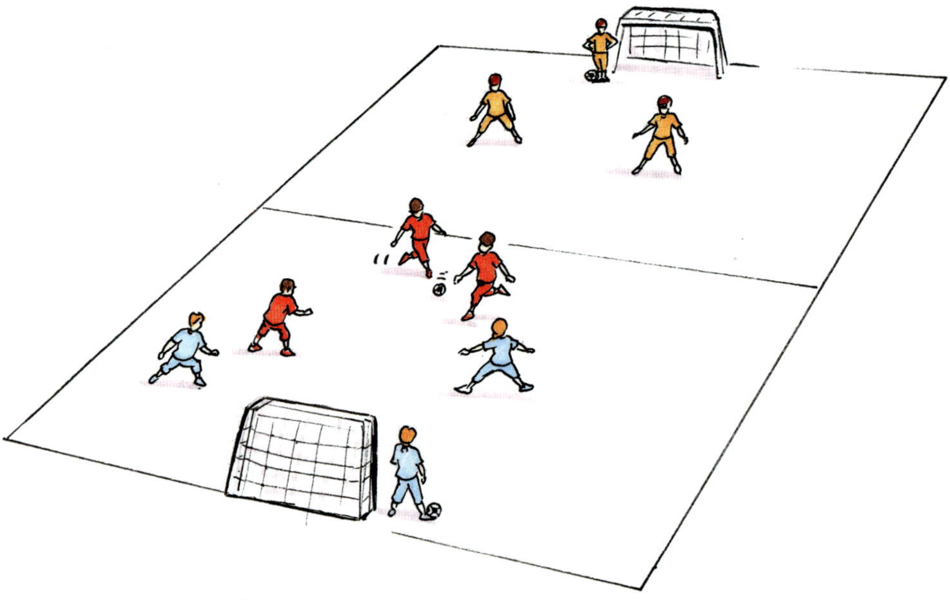

Auf Quadrate

5 bis 7 Kinder pro Mannschaft

1 Ball, Hütchen, Bänder

Zwei Mannschaften einteilen und kennzeichnen. Zwei Quadrate mit 4 m Seitenlänge aufbauen.

Spiel 5:5 auf zwei Quadrate. Zwei Mannschaften versuchen im Zusammenspiel und nach Ballgewinn ein Tor zu erzielen. Ein Treffer ist dann gültig, wenn ein Spieler mit Ball in eines der beiden Quadrate dribbelt. Die abwehrende Mannschaft darf die Quadrate nicht betreten.

» Ein Treffer ist dann gültig, wenn ein Pass aus dem Quadrat von einem Mitspieler an- und mitgenommen wird
» Abstand der Quadrate variieren
» Größe der Quadrate variieren
» 6:6 oder 7:7

» Orientierungsfähigkeit
» Reaktionsfähigkeit

» Anbieten und Freilaufen
» Mehrere Anspielmöglichkeiten schaffen
» Zusammenspiel
» Schnelles Umschalten
» Geschickte Raumaufteilung
» in Gleich- oder Überzahl angreifen

Über die Mittelzone

6 bis 8 Kinder pro Mannschaft

1 Ball, Hütchen, Bänder,
2 Handballtore (evtl. Matten)

2 Mannschaften bilden und kennzeichnen. Ein Feld und eine Mittelzone markieren. 2 Tore aufbauen.

Spiel 6:6 Fußball auf 2 Tore. Zwei Mannschaften spielen gegeneinander Fußball und versuchen im Zusammenspiel ein Tor zu erzielen. Im Spielaufbau muss zunächst im mittleren Bereich eine Zone überspielt werden, bevor ein Treffer erzielt werden kann. Die hinteren Spieler können ohne Ball über diese Zone nachrücken.

» Hockey
» Mit 1 Neutralen
» Breite der Mittelzone variieren
» Felgröße variieren
» Torgröße variieren

» Orientierungsfähigkeit
» Reaktionsfähigkeit
» Umstellungsfähigkeit

» Anbieten und Freilaufen
» Präzise Zuspiele
» Schnelles Umschalten
» Torchancen herausspielen und verwerten
» Verschieben zum Ball
» Überzahl in Ballnähe

Zwilling-Fußball

beliebig

2 Handballtore, (evtl. Stangentore), Bänder, Ringe, 1 oder 2 Bälle

2 Mannschaften bilden und kennzeichnen. Innerhalb der Teams Paare bilden.

Gespielt wird nach Fußballregeln, nur bewegen sich die Spieler paarweise fort. Dabei sind sie mit einem Tennisring verbunden. Torhüter gibt es nicht. Löst ein Paar die Hand- Ring-Fassung, darf es nicht mehr den Ball spielen, sonst bekommt die andere Mannschaft einen Freistoß oder 7m-Strafstoß zugesprochen.

» Mit Torhüter
» Die Paare halten sich an den Händen
» Mit 2 Bällen

» Orientierungsfähigkeit
» Reaktionsfähigkeit
» Rhythmusfähigkeit

» Anbieten und Freilaufen
» Spielsituationen erkennen
» Torchancen herausspielen und verwerten

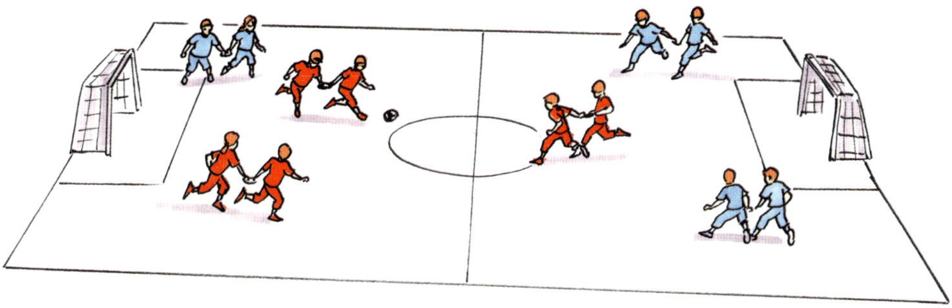

Helferball

beliebig

3–5 Bälle
Bänder

Einen Fänger bestimmen und kennzeichnen. Die Bälle verteilen.

Der Fänger versucht einen anderen abzuschlagen, der dann mit ihm gemeinsam fängt. Ab vier wird die Kette geteilt. Ein Gejagter darf nicht abgeschlagen werden, wenn er in Ballbesitz ist – es sind mehrere Bälle im Spiel. Deshalb soll dem Gejagten immer ein Ball zugespielt werden.

» Mit zwei Fängern und die Ketten werden nicht geteilt
» Mehrere Bälle – wer keinen Ball hat, darf nicht abgeschlagen werden
» Mit dem Fuß zupassen

» Orientierungsfähigkeit
» Reaktionsfähigkeit
» Umstellungsfähigkeit

» Präzise Zuspiele
» Zusammenspiel
» Spielsituationen erkennen und lösen

Mit unterschiedlichen Aufgaben

5 bis 7 Kinder pro Mannschaft

1 Ball, Hütchen, Bänder,
2 Handballtore (evtl. Matten)

2 Mannschaften bilden und kennzeichnen. Ein Feld markieren und die Tore aufbauen.

Zwei Mannschaften spielen gegeneinander Handball und haben unterschiedliche Aufgaben. Mannschaft A versucht im Zusammenspiel mit den Torhütern den Ball in den eigenen Reihen zu halten (5 Zuspiele = 1 Tor), während Mannschaft B nach Ballgewinn an einem der beiden Tore zum Abschluss kommen kann. Nach einem Treffer von B muss zuerst wieder die Mittellinie überspielt werden, bevor ein weiteres Tor erzielt werden kann. Nach einer bestimmten Zeit wechselt die Aufgabe.

» Fußball
» Basketball
» 8 (10) Zuspiele = 1 Tor
» Feldgröße variieren
» Torgröße variieren

» Orientierungsfähigkeit
» Reaktionsfähigkeit
» Umstellungsfähigkeit

» Anbieten und Freilaufen
» Zusammenspiel
» Schnelles Umschalten
» Torchancen herausspielen und verwerten

Fußball – Handball – Kopfball

5 bis 8 Kinder pro Mannschaft

2 Handballtore,
(evtl. Stangentore), Hütchen,
Bänder, 1 Ball

2 Mannschaften bilden und kennzeichnen. Mit Hütchen drei Zonen und zwei Torräume markieren.

Zwei Mannschaften A und B spielen – ohne Torwart – in der Mittelzone Fußball gegeneinander. Gelingt es den Ball in die Angriffszone zu passen, wird nach Handballregeln weitergespielt. Die abwehrende Mannschaft verteidigt vor dem Kreis (Torraum), und die angreifende Mannschaft versucht durch ein geschicktes Zuspiel mit dem Kopf ein Tor zu erzielen. Der Torraum darf nicht betreten werden.

» Feldgröße variieren
» Torgröße variieren
» Mit Torwart
» Tore dürfen direkt aus der Luft auch mit dem Fuß erzielt werden

» Orientierungsfähigkeit
» Reaktionsfähigkeit
» Umstellungsfähigkeit

» Anbieten und Freilaufen
» Zusammenspiel
» Überzahl in Ballnähe
» Geschickte Raumaufteilung

Ballbesitz entscheidet

5 bis 7 Kinder pro Mannschaft

1 Ball, Bänder,
2 Handballtore,
(evtl. Matten), Hütchen

Zwei Mannschaften bilden und kennzeichnen. Ein Feld markieren und 2 Torhüter zuteilen.

Spiel 6:6 Fußball oder Handball auf 2 Tore. Zwei Mannschaften spielen gegeneinander auf 2 Tore mit Torhüter, wobei die ballbesitzende Mannschaft die Spielart vorgibt – Handball oder Fußball. Welche Mannschaft hat nach 5 Minuten mehr Tore erzielt?

» Handball/Kopfball und Fußball
» Feldgröße variieren
» Spielerzahl variieren
» Wechsel der Spielart auf ein „Signal"

» Orientierungsfähigkeit
» Reaktionsfähigkeit
» Umstellungsfähigkeit

» Anbieten und Freilaufen
» Einfache Abspiele
» Lücken erkennen
» Torchancen herausspielen und verwerten
» Schnelles Umschalten

Handball – Fußball

6 bis 8 Kinder pro Mannschaft

1 Ball, Hütchen, Bänder, 2 Tore

2 Mannschaften bilden und kennzeichnen. Ein Feld mit 3 Zonen markieren. 2 Tore aufstellen

7:7 Handball/Fußball in 3 Zonen auf 2 Tore. Zwei Mannschaften spielen gegeneinander Handball/Fußball auf 2 Tore mit Torhüter, wobei in der Mittelzone Handball und in den äußeren Zonen Fußball gespielt wird. Welche Mannschaft hat nach 5 Minuten mehr Tore erzielt?

» Spielarten der Zonen tauschen
» Zonengröße variieren
» 1 Neutraler
» Torgröße variieren

» Umstellungsfähigkeit
» Orientierungsfähigkeit
» Reaktionsfähigkeit

» Anbieten und Freilaufen
» Anspielmöglichkeiten schaffen
» Zusammenspiel
» Überzahl in Ballnähe
» Geschickte Raumaufteilung

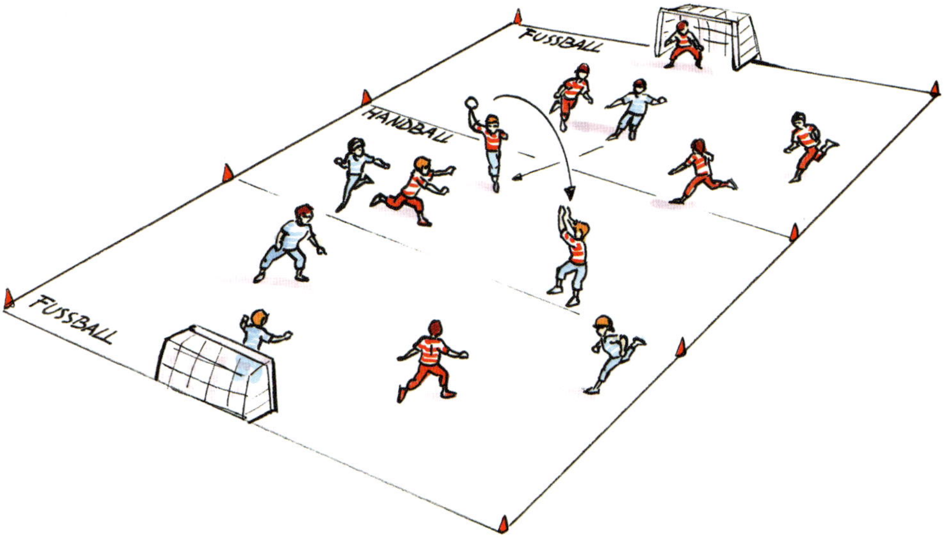

Literatur

Moosmann, Klaus : Kleine Aufwärmspiele. 8. Auflage, Wiebelsheim 2011
Moosmann, Klaus: Erfolgreiche Koordinationsspiele, 3. Auflage, Wiebelsheim 2010
Moosmann, Klaus: Turnierspielformen, Wiebelsheim 2010
Moosmann, Klaus: Ballorientierte Koordination, Stuttgart 2009
Moosmann/Stephan: Erfolgreiches Fußballtraining, Wiebelsheim 2011
Schmidt, Werner: Kindertraining, Stuttgart 2006
Stephan, Manfred: Abwehr mit System – Fußballtaktik, Aachen 2004
Stephan, Manfred: Angriff mit System – Fußballtaktik, Aachen 2008
Zeitschrift *Sportpraxis*, Limpert-Verlag, Wiebelsheim
Zeitschrift (monatlich) *Fußballtraining*, Philippka Verlag, Münster
Internet: **www.dfb.de** Training online
www.manfredstephan.de: Informationen über Bestellmöglichkeiten der DVD über das Satteldorfer Leuchtturmprojekt

Register der Ballfertigkeiten/taktischen Schwerpunkte

Spielname	Prellen	Rollen	Werfen	Fangen	Schießen	Köpfen	Schlagen	Passen	Dribbeln	Über- u. Unterzahl	Anbieten und Freilaufen	Passspiel	Verteidigung	Angriff	Seite
Spiele mit Schwerpunkt Prellen															
Berührballchampion	•								•						23
Brückenwächter			•		•				•						23
Familie Meier im Zoo	•		•					•							19
Herr Fuchs der Hühnerdieb	•								•						21
Monsterspiel	•	•							•						20
Prellstaffel	•								•						22
Seitenwechsel	•								•						21
Zurück ins Spiel	•								•						20
Spiele mit den Schwerpunkten Werfen und Fangen															
Balanciermeister			•												29
Ball über das Netz			•	•	•										27
Fuchs im Hühnerstall			•		•				•						24
Haltet die Seite frei		•	•	•											26
Hasenjagd	•	•	•		•				•						24
Laufender Keiler			•												28
Zombieball			•	•											25
Zuspiel befreit		•	•					•							26
Spiele mit dem Schwerpunkt Dribbeln															
Abschleppdienst	•	•							•						35
Der Haifisch greift an									•						31
Feuer, Wasser, Sturm, Insel	•								•						32
Hockenheimring	•								•						34
Kegel in die Kiste									•						33
Tunnelballfangen	•								•						30
Vierfüßlerspiel	•								•						30
Welchen Platz	•	•							•						32
Spiele mit den Schwerpunkten Dribbeln und Schießen															
Das Labyrinth			•	•	•				•						37
Fußball-Fangen		•			•				•						36
Goldraub									•						41
Karton treiben		•			•										39
Rette sich wer kann?	•		•		•				•						38
Schützenfest		•	•		•										40
Spielerjagd		•							•						36
Wie lange								•	•						38
Aufwärm-oder Abschlussspiele															
Abwerfen mit Erlösen	•		•	•											42
Aufräumdienst	•								•						44
Ausgetrickst		•	•												46
Der Lehrer schreibt an die Wand	•								•						45
Der Riese schläft			•		•										44
Die Krake kommt	•								•						47
Fußball-Fangen mit Erlösen		•	•		•			•	•						42
Kettenfangen mit Erlösen			•												43
Mach die Kiste voll		•	•					•							47
Schwarzer Mann	•				•				•						45

Spielname	Prellen	Rollen	Werfen	Fangen	Schießen	Köpfen	Schlagen	Passen	Dribbeln	Über- u. Unterzahl	Anbieten und Freilaufen	Passspiel	Verteidigung	Angriff	Seite
Wettspiele mit mehreren Gruppen															
Alle Neune		•	•					•							48
Ball unter der Schnur		•	•					•							49
Fliegender Pezziball			•		•										48
Flinke Indianer			•		•										53
Kreisball		•	•					•							52
Passkönig	•		•						•						50
Rifendribbling	•								•						49
Takeshi			•												52
Wie lange für 10 Pässe								•							51
Würfelglück	•	•							•						50
Abwurfspiele															
Die Schutzmauer fällt			•	•											57
Länderspiel			•	•											56
Mr. X			•	•											59
Sanitäterfangen		•	•		•										55
Unter Beschuss		•	•	•	•										59
Vierfarbenpiel	•	•	•		•				•						56
Völkerball verkehrt		•	•	•	•										57
Zehn-Punkte-König		•	•		•	•	•								58
Orientierungsspiele															
Aus der Gefahrenzone			•												63
Depotklau	•								•						65
Hütchensuche	•	•							•						60
Kegeljagd	•								•						60
Rechtzeitig zur Stelle		•	•	•				•							61
Schwingende Seile	•								•						63
Sicheres Feld			•	•											64
Sicheres Land			•		•				•						62
Reaktionsspiele															
Direktes Duell			•		•										68
Duell								•							69
Eckplatz erobern	•	•							•						62
Kegelmeister		•	•		•										65
Punktechampion	•								•						67
Rollball		•													66
Undurchsichtige Wand			•	•											68
Zweite Welle	•	•	•					•	•						66
Kooperationsspiele															
Alle ins Feld spielen			•	•											73
Ball erobern		•	•	•				•							70
Brennball anders		•	•	•				•							71
Freunde finden	•								•						75
Für das Team			•	•											72
Geheimer Joker											•	•		•	75
Hütchentausch	•								•						74
Kapitän coacht											•	•		•	70
Kooperation vorausgesetzt	•								•						72
Schnelle Organisation	•	•							•						73
Mehrere Bälle – viele Tore															
Auf Offentore												•	•	•	82
Auf Riesentore											•	•	•	•	77
Eckenfußball											•	•	•	•	80

Spielname	Prellen	Rollen	Werfen	Fangen	Schießen	Köpfen	Schlagen	Passen	Dribbeln	Über- u. Unterzahl	Antieten und Freilaufen	Passspiel	Verteidigung	Angriff	Seite
Hütchenfußball											•	•	•	•	78
Spiel mit unterschiedlichen Bällen											•	•	•	•	81
Torschütze coacht											•	•	•	•	79
Gutes Zusammenspiel vorausgesetzt															
Angriffsrecht vorausgesetzt											•	•			85
Direkt zum Dritten											•	•	•	•	85
Mattenhandball											•	•			86
Raus aus dem Deckungsschatten											•	•			83
Über die Schnur zählt doppelt											•	•			84
Zeitspiel											•	•			83
Überzahl – Unterzahl															
Aufsetzerball												•		•	91
In Überzahl										•	•	•		•	89
Mit wechselndem Angriffsrecht										•	•	•			90
Mit wechselnder Spielerzahl										•	•	•			89
Spielmacher in der Mittelzone										•	•	•			88
Torschütze zusätzlich ins Tor										•	•	•	•	•	87
Übersicht und Spielverlagerung															
Handball anders										•	•	•		•	94
Intelligent spielen											•	•		•	92
Mattentreffer											•	•			92
Reifenspiel											•	•		•	94
Squash-Handball										•	•	•		•	95
Welches Tor ist frei?										•	•	•		•	93
Mit Sonderregeln															
Auf umgekehrte Bänke											•	•		•	98
Inselspiel											•	•		•	100
Joker im Freiwurfraum										•	•	•			96
Jokerball										•	•	•			98
Tabuzone beachten											•	•		•	99
Turmball										•	•	•			97
Schnelles Umschalten															
Auf Quadrate										•	•	•	•	•	105
Bewegliches Tor											•	•	•	•	102
In schnellem Wechsel										•	•	•		•	104
In zwei Hälften										•	•	•		•	103
Über die Mittelzone										•	•	•	•	•	106
Welches Tor?											•	•		•	101
Komplexes Spiel															
Ballbesitz entscheidet											•	•		•	110
Fußball-Handball-Kopfball										•	•	•	•		109
Handball-Fußball										•	•	•	•		111
Helferball												•		•	108
Mit unterschiedlichen Aufgaben											•	•		•	108
Zwilling-Fußball											•			•	107

Register der koordinativen Fähigkeiten

Spielname	Differenzierungs-fähigkeit	Orientierungs-fähigkeit	Reaktionsfähigkeit	Rhythmusfähigkeit	Gleichgewichts-fähigkeit	Kopplungs-fähigkeit	Umstellungs-fähigkeit	Seite
Spielideen mit Schwerpunkt Prellen								
Berührballchampion	•	•	•			•		23
Brückenwächter	•	•	•					23
Familie Meier im Zoo	•	•	•					19
Herr Fuchs der Hühnerdieb	•	•	•					21
Monsterspiel	•	•	•					20
Prellstaffel	•	•	•					22
Seitenwechsel	•	•	•					21
Zurück ins Spiel	•	•	•					20
Spiele mit den Schwerpunkten Werfen und Fangen								
Balanciermeister	•				•			29
Ball über das Netz	•	•						27
Fuchs im Hühnerstall	•	•	•					24
Haltet die Seite frei		•	•	•				26
Hasenjagd	•	•	•					24
Laufender Keiler	•	•	•					28
Zombieball	•	•	•					25
Zuspiel befreit	•	•	•					26
Spiele mit dem Schwerpunkt Dribbeln								
Abschleppdienst	•	•		•				35
Der Haifisch greift an	•	•	•			•		31
Feuer, Wasser, Sturm, Insel	•	•	•					32
Hockenheimring	•	•						34
Kegel in die Kiste	•	•			•			33
Tunnelballfangen	•	•	•			•		30
Vierfüßlerspiel	•	•	•	•				30
Welcher Platz	•	•		•				32
Spiele mit den Schwerpunkten Dribbeln und Schießen								
Das Labyrinth	•	•	•					37
Fußball-Fangen	•	•	•					36
Goldraub	•	•	•		•			41
Karton treiben	•	•						39
Rette sich wer kann?	•	•	•					38
Schützenfest	•	•						40
Spielerjagd								36
Wie lange	•	•	•					38
Aufwärm-oder Abschlussspiele								
Abwerfen mit Erlösen	•	•	•					42
Aufräumdienst	•	•	•					44
Ausgetrickst	•	•	•				•	46
Der Lehrer schreibt an die Wand	•	•	•					45
Der Riese schläft	•	•	•					44
Die Krake kommt	•	•	•					47
Fußball-Fangen mit Erlösen	•	•	•	•				42
Kettenfangen mit Erlösen	•	•	•					43
Mach die Kiste voll		•	•					47
Schwarzer Mann	•	•	•			•		45

Spielname	Differenzierungs-fähigkeit	Orientierungs-fähigkeit	Reaktionsfähigkeit	Rhythmusfähigkeit	Gleichgewichts-fähigkeit	Kopplungs-fähigkeit	Umstellungs-fähigkeit	Seite
Wettspiele mit mehreren Gruppen								
Alle Neune	•	•						48
Ball unter der Schnur	•	•						49
Fliegender Pezziball	•	•	•					48
Flinke Indianer	•	•	•					53
Kreisball	•	•	•					52
Passkönig	•							50
Reifendribbling	•	•	•					49
Takeshi	•				•			52
Wie lange für 10 Pässe	•	•						51
Würfelglück	•	•	•					50
Abwurfspiele								
Die Schutzmauer fällt	•	•	•					57
Länderspiel	•	•	•					56
Mr. X	•	•	•					59
Sanitäterfangen	•	•	•					55
Unter Beschuss	•	•	•					59
Vierfarbenspiel	•	•	•					56
Völkerball verkehrt	•	•	•					57
Zehn-Punkte-König	•	•	•					58
Orientierungsspiele								
Aus der Gefahrenzone	•	•	•					63
Depotklau	•	•	•					
Hütchensuche	•	•	•			•		60
Kegeljagd	•	•	•			•		60
Rechtzeitig zur Stelle	•	•	•	•		•	•	61
Schwingende Seile	•	•	•					63
Sicheres Feld	•	•	•				•	64
Sicheres Land	•	•	•			•		62
Reaktionsspiele								
Direktes Duell	•	•	•					68
Duell	•	•	•					69
Eckplatz erobern	•	•	•					
Kegelmeister	•	•	•					65
Punktechampion	•	•	•			•		67
Rollball	•	•	•					66
Undurchsichtige Wand		•	•					68
Zweite Welle	•	•	•					66
Kooperationsspiele								
Alle ins Feld spielen	•	•	•					73
Ball erobern	•	•	•			•		70
Brennball anders	•	•	•			•		71
Freunde finden	•	•	•					75
Für das Team	•	•	•					72
Geheimer Joker		•	•				•	75
Hütchentausch	•	•	•					74
Kapitän coacht		•	•				•	70
Kooperation vorausgesetzt	•	•	•					72
Schnelle Organisation	•	•	•	•				73

Spielname	Differenzierungs-fähigkeit	Orientierungs-fähigkeit	Reaktionsfähigkeit	Rhythmusfähigkeit	Gleichgewichts-fähigkeit	Kopplungs-fähigkeit	Umstellungs-fähigkeit	Seite
Mehrere Bälle – viele Tore								
Auf Offentore		•	•				•	82
Auf Riesentore	•	•	•				•	77
Eckenfußball		•	•				•	80
Hütchenfußball	•	•	•				•	78
Spiel mit unterschiedlichen Bällen	•	•	•				•	81
Torschütze coacht	•	•	•				•	79
Gutes Zusammenspiel vorausgesetzt								
Angriffsrecht vorausgesetzt	•	•	•				•	85
Direkt zum Dritten		•	•				•	85
Mattenhandball	•	•	•				•	86
Raus aus dem Deckungsschatten		•	•					83
Über die Schnur zählt doppelt		•	•				•	84
Zeitspiel		•	•					83
Überzahl – Unterzahl								
Aufsetzerball		•	•				•	91
In Überzahl		•	•				•	89
Mit wechselndem Angriffsrecht		•					•	90
Mit wechselnder Spielerzahl	•	•	•					89
Spielmacher in der Mittelzone			•				•	88
Torschütze zusätzlich ins Tor	•	•	•					87
Übersicht und Spielverlagerung								
Handball anders	•	•	•				•	94
Intelligent spielen		•	•				•	92
Mattentreffer		•	•				•	92
Reifenspiel		•	•				•	94
Squash-Handball	•	•	•				•	95
Welches Tor ist frei?	•	•	•					93
Mit Sonderregeln								
Auf umgekehrte Bänke	•	•	•				•	98
Inselspiel		•	•				•	100
Joker im Freiwurfraum	•	•	•				•	96
Jokerball	•	•	•				•	98
Taubzone beachten		•	•					99
Turmball	•	•	•				•	97
Schnelles Umschalten								
Auf Quadrate		•	•					105
Bewegliches Tor	•	•	•			•		102
Im schnellen Wechsel		•	•				•	104
In zwei Hälften		•	•				•	103
Über die Mittelzone		•	•				•	106
Welches Tor?	•	•	•				•	101
Komplexes Spiel								
Ballbesitz entscheidet		•	•				•	110
Fußball-Handball-Kopfball		•	•				•	109
Handball-Fußball		•	•				•	111
Helferball		•	•				•	108
Mit unterschiedlichen Aufgaben		•	•				•	108
Zwilling-Fußball		•	•	•				107

Über den Autor

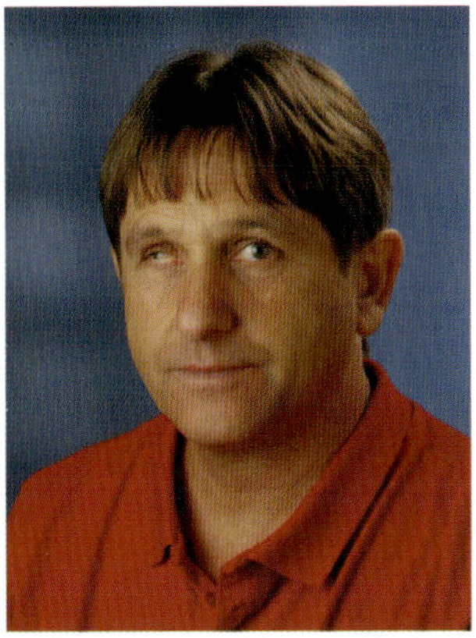

Manfred Stephan studierte Sport und Mathematik für das Lehramt. Seine langjährige Trainertätigkeit erstreckt sich von der Kreisliga bis zur Oberliga. Bereits vom 15. Lebensjahr an trainierte er Jugendmannschaften und war als Spieler bis zur 1. Amateurliga aktiv. Er ist Inhaber der A-Lizenz des DFB, Mitglied beim Bund Deutscher Fußballlehrer und seit 2011 lizenzierter Life Kinetik Trainer.

Er ist zudem Autor der Bücher ***„Angriff mit System“*** und ***„Abwehr mit System“*** beim Meyer & Meyer Verlag und Mitautor der Bücher ***„Ballorientierte Koordination“*** des Württembergischen Fußballverbandes sowie ***„Erfolgreiches Fußballtraining“*** beim Limpert Verlag.

Zurzeit leitet Manfred Stephan an der GHS Satteldorf ein Sportprojekt zur **„Talentfindung und Talentförderung im goldenen Lernalter“.** Dieses Leuchtturmprojekt ist in dieser Form einzigartig und seit Juli 2010 auch Pilotprojekt in Baden Württemberg. Die Kinder werden dabei bis zu 6 Stunden in der Woche im Fach Sport unterrichtet. Die Grundlagen dafür bilden die Inhalte dieses Buches. Hauptschwerpunkte sind koordinative Ballübungen und die Entwicklung der Spielfähigkeit. Diese Übungen kombiniert mit kognitiven Aufgabenstellungen ergeben Life Kinetik und liefern die perfekte Verbindung von Sport und Bewegung zum schulischen Lernen. Die Kinder steigern sich dadurch nicht nur in ihrer sportlichen Leistungsfähigkeit, sondern verbessern sich auch in den „Kopffächern“ schon nach wenigen Wochen, besonders in den Bereichen Rechtschreibung, Mathematik und Sprachen.

Frischer Wind

für alle Sportstunden...
...mit den erfolgreichen Praxisbüchern!

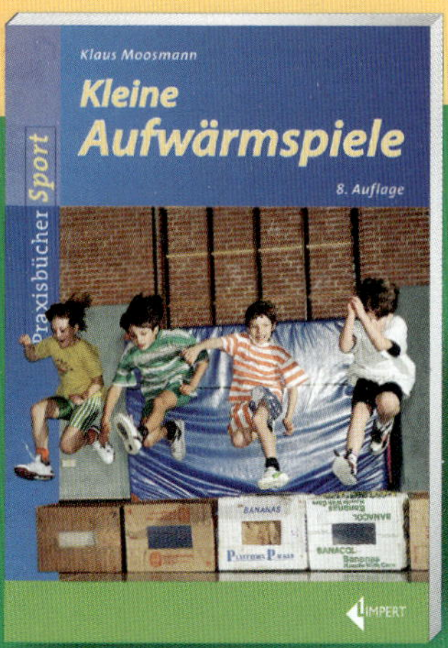

Klaus Moosmann
Kleine Aufwärmspiele
8. Aufl. 2011. 112 S., 43 farb. Abb., Kt.
ISBN 978-3-1835-5,
Best.-Nr. 343-01835 € 16,95

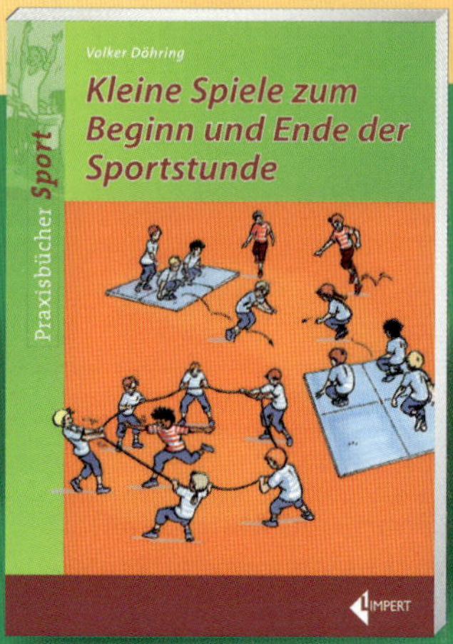

Volker Döhring
Kleine Spiele zum Beginn und Ende der Sportstunde
2011. 104 S., 51 farb. Abb., Kt.
ISBN 978-3-7853-1800-3,
Best.-Nr. 343-01800 € 10,95

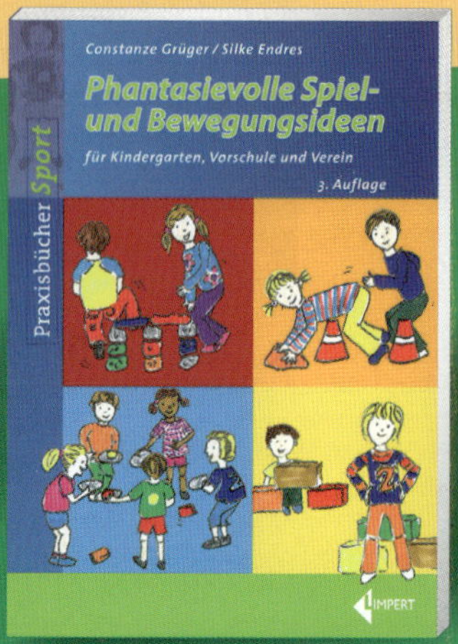

Constanze Grüger/Silke Endres
Phantasievolle Spiel- und Bewegungsideen
für Kindergarten, Vorschule und Verein
3. Aufl. 2011, 96 S., 81 farb. Abb., kt.,
ISBN: 978-3-7853-1852-2,
Best.-Nr.: 343-01852 € 9,95

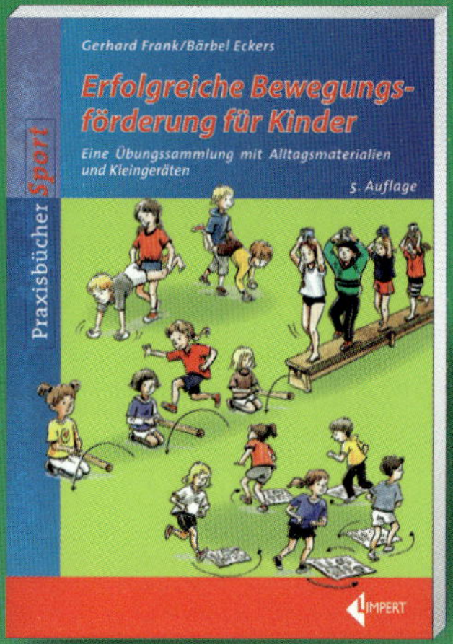

Gerhard Frank/Bärbel Eckers
Erfolgreiche Bewegungsförderung für Kinder
Eine Übungssammlung mit Alltagsmaterialien und Kleingeräten
5. Aufl. 2011. 136 S., 114 farb. Abb., 31 s/w-Abb., Kt.,ISBN 978-3-7853-1831-7,
Best.-Nr. 343-01831 € 16,95

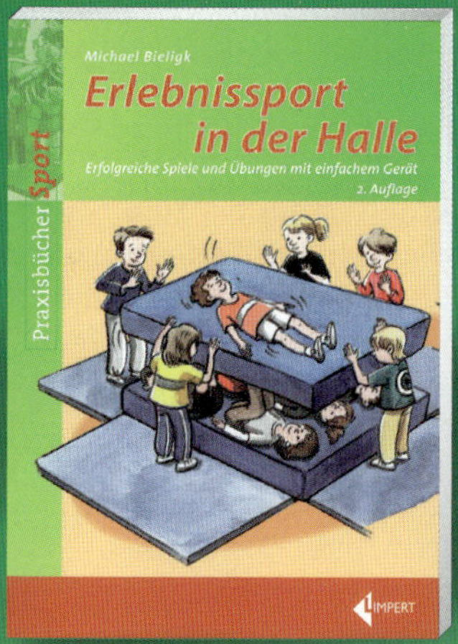

Michael Bieligk
Erlebnissport in der Halle
Erfolgreiche Spiele und Übungen mit einfachem Gerät
2. Aufl. 2010. 112 S., 40 farb. Abb., 9 Tab., Kt.
ISBN 978-3-7853-1817-1,
Best.-Nr. 343-01817 € 14,95

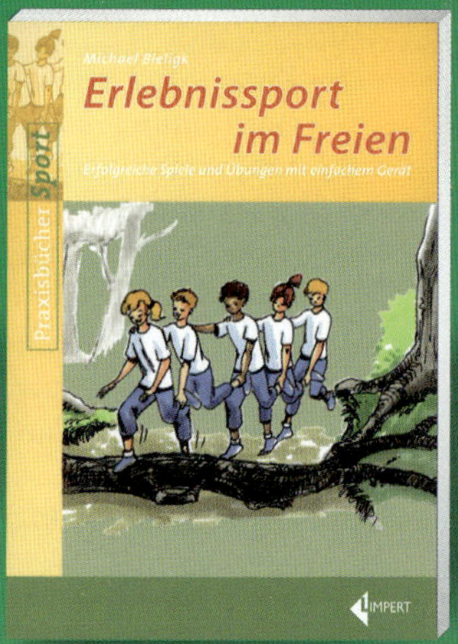

Michael Bieligk
Erlebnissport im Freien
Erfolgreiche Spiele mit Naturgegenständen
2011. 112 S., 48 farb. Abb., Kt.
ISBN 978-3-7853-1843-0,
Best.-Nr. 343-01843 € 16,95

Preisstand 2012

Gleich mit anfordern!
Gesamtprogramm
Für erfolgreiche Sport- und Trainingsstunden

LIMPERT

PRAXISBÜCHER

Limpert Verlag GmbH · Industriepark 3 · 56291 Wiebelsheim · Tel. 06766/903-160 · Fax 06766/903-320
E-Mail: vertrieb@limpert.de · www.verlagsgemeinschaft.com